DE
L'ARTILLERIE

DE LA VILLE DE LILLE

AUX XIV.°, XV.° & XVI.° SIÉCLES,

PAR

DE LA FONS-MÉLICOCQ.

Archers. — Arbalétriers. — Canonniers.

LILLE

IMPRIMERIE DE LEFEBVRE-DUCROCQ, LITHOGRAPHIE,

Place du Théâtre, 36.

1854.

AUX MANES

DE

NICOLAS DE LA FONS,

Commissaire d'Artillerie,

MORT POUR LA FRANCE;

A LENS (1647),

Auprès du maréchal DE GASSION!!!

DE

L'ARTILLERIE DE LA VILLE DE LILLE

AUX XIV.ᵉ, XV.ᵉ ET XVI.ᵉ SIÈCLES.

—

Archers. — Arbalétriers. — Canonniers.

—

XIV.ᵉ SIÈCLE.

« Quand on veut écrire l'histoire, a dit le plus grand écrivain des
« temps modernes, ce n'est pas tout que de chercher les faits dans des
« *éditions commodes*, il faut voir de ses propres yeux, ce qu'on peut
« nommer la physionomie des temps; il faut manier les siècles et
« respirer leur poussière (1). »

Pour se convaincre que cette belle et noble pensée de l'immortel
défenseur de nos libertés, est aussi exacte que sublime, il suffirait de
compulser les riches archives communales de Lille, que M. Bernard,
archiviste, a mises à notre disposition avec une obligeance toute parti-
culière. A l'aide de ces vénérables débris du passé, nous avons pu, nous
aussi, entrevoir la physionomie des temps; apprécier la vie, si mysté-
rieuse au moyen-âge, des générations dès longtemps éteintes; juger
leurs passions, partager leurs joies; nous initier à leurs malheurs qui,
presque toujours, furent ceux de la France. Bien qu'étranger par notre
naissance à la ville de Lille, les expressions nous manqueraient pour
dire combien profonde fut notre émotion à la vue des glorieux stigmates
que les siècles avaient laissés sur ces antiques monuments de la vie de
nos pères : cicatrices immortelles qui, traversant les âges avec ces précieux manuscrits, viennent proclamer hautement, aujourd'hui, qu'au
jour de ses siéges héroïques, le feu de l'ennemi ne respecta même pas
les vénérables archives de la valeureuse capitale de la Flandre.

(1) Châteaubriand, préface des *Études historiques*, p. 256.

Parlons maintenant des diverses machines, alors nommées engins, dont on fit usage à Lille dans ces circonstances mémorables.

Chacun sait qu'au moyen-âge on désignait par le mot *artillerie* toutes les armes alors usitées, tels que catapultes, balistes, mangonaux, espringoles, arcs, arbalètes, etc. Selon Roquefort (1), *artiller*, signifiait à cette époque fortifier, armer, équiper un homme de guerre, etc. Nous aurons donc à nous occuper d'abord de ces diverses armes aussi bien que des archers et des arbalétriers lillois (2).

Le premier registre aux comptes de la ville de Lille remonte à l'année 1318, nous y voyons qu'à cette date les échevins allouaient à l'argentier L s. pour deux ars de cor (noisetier) à 1 piet; XLIII s. pour XLIII arbalestres (3). On se contente de mentionner les espringalestes.

Quelques années après (1337), trois arcs de cor reviennent à X l. (4), alors que, en 1338, l'acat de sept ars à tour, d'un arch de cor et de six arbalestres, occasionne une dépense de XXIII l. XXI d., parmi le caritet et voiture, et que diverses sommes sont accordées à M.° Jehan de Venduille pour avoir rappareillié les espringales, quariaux et les engiens.

En 1340, le comptable, après avoir porté en dépense, d'abord, les IX l. IIII s. donnés à XXIII carpentiers qui wetièrent (firent le guet) as espringales, parmi VI nuis; puis les quatre sous remis à chacun des XX carpentiers, qui furent as espringales par trois fois, quant li bancloke sonna, et une fois quant eschevin alèrent vir trere les springales, nous apprend que l'on fist mener as portes et as garites les espringales, les ars à tour, les tours et les *caukes*. Il nous parle aussi des ars à *quauqiet* et à 1 piet. Quant à M.° Pieron Blanc-Pain, il obtenait LXXIII s. VI d. pour une espringale et une nœue nois. Trois ans après (1343), M.° Willaume Doulieu vendait à la ville une espringale moyennant IIIIXX l.; tandis que, en 1346, on ne lui accordait que LIIII l, pour une espringalle, 1 tour et un grand arc à tour.

Les arcs à *caucque* étaient encore en usage en 1382, car nous voyons qu'à cette époque trente *arbrières* d'arcs à *caucque* furent payées XXV l. IIII s. Leurs *escries*, les oeches de leur *caucque* sont aussi mentionnés, ainsi que les clefs *des tours à vir*.

La corde de poil employée pour les espringales coûtait cinq derniers la livre, tandis que celle de poil ouvret en valait huit. Huon de Carvin livrait à cette époque quatre-vingt-huit livres de *wames* de ce dernier, et un cordier de La Bassée obtenait LXVI s. VIII d. pour cent liv. de corde de poil à *faire wames d'espringalles*. Le *sauniel*, à dix-huit deniers de Flandre la livre, était aussi fort employé, car on en achète, en 1360, plus de deux mille livres. En 1364, il est question d'un artilleur qui rembrache et rekerque de poil une espringalle.

(1) *Dictionnaire de la langue romane*.
(2) Au sujet des archers, des arbalétriers et des canonniers de diverses localités, Voyez notre *Cité picarde*, pages 1, 13, 231, 241; *Les Archives du Nord de la France*, de M. Dinaux, t. I.°, 3.° série, p. 500, 509.
(3) Il y a sans doute erreur.
(4) En 1341, six ars à tour acatés XVI s. de gros, à XXII d. le gros, reviennent à XVII l. XII s. En 1348, XXVI ars de cor vendus par un Allemand coûtent XLVIII onches d'or, val. XXXIIII l. XVI s.

En 1382, le fil *d'auwiers* à faire cordes d'espringales et de grans ars à huit gros la livre, aussi bien que le fil à les *treuquefiller*, sont tour à tour mentionnés. Ainsi, la cordière *de la Bretesque* livre, moyennant XXIIII s., trois cordes de fil *d'auwiers* servans as tours des grans ars de arbalestres. N'oublions pas les *vrayes cordes* des arcs, toujours distinguées *des fausses cordes*.

En 1358, nous trouvons mentionnés, d'abord, onze milliers de fiers de quariel payés XXX moutons de XXXVI l.; puis XXXIIII c. de fiers de quariel, achetés IX moutons et XXIII gros, de XI l. XIIII s. IX d., parmi le caritet. N'oublions pas les *fleques de quariauls*, dont I c. exige une dépense de XVI s. VII d., pour la façon seulement.

Pour empenner et enfierer ces quariaux, l'artilleur obtenait deux moutons de XXIIII s. par millier.

En 1368, dix milliers de *fusteles, de quarriaus de tret, sans fiers et sans pennes*, sont payés, à Bruges, II s. de gros le millier; et le cent *de fusteles de piet* revient (1382) à huit gros. Pour en enfierer quinze cents l'ouvrier exige quinze sous.

Quant aux fers de ces *fusteles*, nommés *mousquettes*, il coûtaient douze gros le cent.

Cette même année (1368), XXV milliers de pennes à empener quarriaus étaient payés, à Bruges, VIII s. III d. de gros, de LVI s. XI d., et trois milliers et trois cents de petis claus à empener *bougons* revenaient à XV gros de VIII s. IIII d. Longtemps après (1391), Hanequin Mas, d'Arras, exigeait VI s. X d. pour les IIII c. XL quareaux fierés et empenés qu'il avait fournis.

En 1359, deux milliers de sayettes (flèches), accatées à Saint-Omer, sont payées XIII l. V s. (1400 sayettes à XII s. la XII.ne), et il faut débourser (1368) XXVII d. pour I c. et le tierch de I c. de *petis quarriaus d'arbalesterie*; alors que, en 1382, trois milliers de trets coûtent XVIII l. On mentionne aussi dix milliers *de tret de gambe*.

Les artilleurs de Bruges, que nous avons déjà cités plusieurs fois, jouissaient alors d'une grande réputation, car c'est presque toujours dans cette ville que les échevins lillois envoient faire leurs acquisitions. Ainsi, en 1368, on y achète dix arbalètes, à raison de deux sous de gros chacune.

Les arcs et les arbalètes portaient tous les armoiries de la ville, puisqu'*une ensengne à fleur de lis pour les arbalestres de la ville ensengnier*, coûte (1385) XVIII s. Longtemps auparavant (1355), Pieron de Sainte-Catherine avait reçu X s. VIII d. *pour avoir peint trente six escuchonnes des armes de la ville sur les arcs*. En 1392, L'artilleur Gilles du Prets, qui recevait par an dix couronnes de gages, obtenait XIII l. VI s. pour *avoir verni LI arbalestres, loyés de noefs et rassis les clefs*. Elles étaient aussi *nervées*.

D'ordinaire, on employait le canevas pour faire les fourreaux des arcs, afin de mieux conserver leurs escuchons. En 1400, les caprons de canevach pour les arcs coûtent III s. IIII d.

En 1365-66, l'arsenal de Lille renfermait LXX m. de quariaux, *tant à 1 piet, comme à tour et à cauque*; XXVII c. sayettes; XIIII m. baudrez; II m. de quariaux d'espringales; I tonnel plain de salpêtre; I tonnel

plain de *caudes treppes* (chausse-trapes); VII canons et plusieurs qua-
riaus qui y apportiennent; LXVI ars de cor; XXXI espringales placées
aux portes.

Au sujet de ces dernières, il est bon d'observer que, durant l'hiver,
elles étaient couvertes de nattes ou d'ays, pour les garantir des negges
et des pluies.

Comme la milice bourgeoise de St.-Quentin (1), celle de Lille avait
des targes aux riches couleurs. En effet, en 1347, l'argentier, après
avoir parlé des grandes targes, à VI s. pièce, nous apprend que Jaque-
mart le Lormier a exigé XIIII s. pour chacune des L targes qu'il a
pointes, et qu'en outre on lui a donné XXV s. en amendement.

Les pavois étaient de couleur noire, car, en 1360, on donnait III s.
X de gros, de XXXVI s. IX d., à Pieron de Sainte-Katerine, qui avait
nourchi III sielles de cheval, II glaves (lances) et I pavois. En 1356,
II pavois coûtaient X gros.

En 1339, XXXI baudrel reviennent à CVIII s. VI d., à raison de
II s. VI d. chaque : le fil et les belieres coûtent V s.; les blouckes, les
crocs et les aniaux XLI s. IIII d.

Pour les caprons des gens d'armes, on faisait usage de royet, à IX
gros l'aune, et de blanc à X gros. En 1358, les XXIIII aunes et III quartiers de royet, et les XXVIII aunes et demi quartier de blanc, dont on
fist les LXV capprons, reviennent à XLIX s. VII d. gros, val. XXIIII l.
XII s. V. d. L'année suivante, les caprons des gens d'armes sont de
blanquet et de draps de Diestre, à XII gros l'aune. Nous lisons ailleurs
que XIxx XVI capprons pour cheus qui alèrent en l'ost, coûtèrent
CXVI s. VI d. de gros et II estrelins, val LV l. XVIII s. III d.

En 1385, les chaperons des arbalétriers étaient de kennevach à II.
gros estrelin l'aune. Parlons maintenant des bannières.

En 1347, deux bannières sont payées LXI s. IIII d. (2). En 1358, le
chendal et estoffés à faire le pignon (étendard) de la ville et les pignons
des glaves des gens d'armes coûtent, y compris leur façon, VII s. III d.
de gros, de LXXII s., alors que le cheval qui porte le pignon de la
ville est acheté XXVIII moutons et XVIII gros, val. XXIIII l. VII s.

Cette même année, il faut V quartiers de *cendal de graine*, une aune
et demi de bougheran, ainsi que IX quartiers de rouge saye et verde
toille, payés IIII l. IIII d. de gros, de XLII l. IIII d., pour le grant
pignon des XIIII glaves envoyées a Long (3), et pour ceux de ces
glaves.

A Rogier de Lille, on accorde XLIIII gros, de XXVI s., pour le faicon
dou grant pignon et des petis pignons et pour celle d'un cappron.

Outre leur pignon, les arbalétriers de Lille avaient à St.-Valéry *une
bannière de saye blanque et rouge.* Celui qui la porte reçoit un mouton
(sorte de monnaie) de XXIIII s.

En 1359, ce même Rogier de Lille obtenait XXV s. IX d. pour le

---

(1) Voyez le bulletin *Arch. du Comité des Arts et Monuments*, t. IV, p. 161.
(2) I behot et I baudrel à porter le banière des arbalestriers, VIII gros de VI s. V d.
(3) Long près Abbeville. Le beau château de cette localité appartient aujourd'hui à
notre bien cher parent M. le comte de Boubers-Abbeville.

fachon do XVII pingnons de saye blanque et viermelle, destinés aux gens d'armes envoyés au sénéchal de Hainaut; alors quo, l'année suivante, XIIII l. XIX s. VI. d. lui étaient alloués pour II c. escucons mis à capprons, X grans pingnons des armes de le ville, XIII pignons, que de glaves que pour les cars, etc.

Les tentes étaient aussi ornées des armoiries de la cité, puisque, l'année précédente, le même Rogier de Lille confectionnait les escucons des tentes des gens d'armes envoyés à St-Valery.

C'est, en 1350, que nous trouvons mentionnés pour la première fois *les trompeurs* des gens de guerre. Lors de l'expédition de La Bassée, à chacun *des deux trompeurs* on alloue VIII s. fors, et *les pignons de leurs trompes* coûtent XXVIII s. II d. fors, non compris la façon.

En 1358, les II *ménestreuls* qui accompagnent à Long les XIIII glaves envoyées par la ville, ont droit à II s. de gros par jour. Leur cappron revient à IX gros I estrelin chacun, prix, au reste, alloué pour les XLV autres. Deux *ménestreus* sont aussi comptés parmi les gens de guerre expédiés par Lille à St-Valery. Quant aux deux autres *ménestreuls* qui, l'année suivante, accompagnent XX arbalétriers et XVI glaves dirigés sur le Pont-à-Wendin, ils reçoivent I escu par jour.

A peine les échevins avaient appris que Jean II, dont le traité de Bretigni venait de briser les fers, était arrivé à Calais, qu'ils y envoyaient des menestrels, comme le constate ce passage des comptes : 1360. *As menestreuls de la ville, donné en courtoisie pour aler à Calais par deviers le roy, notre sire,* V escus de IIII l.

Des menestreus accompagnent aussi jusqu'à Calais les deux otages lillois (1).

Les diverses machines dont nous venons de parler allaient bientôt être remplacées par d'autres, qui devaient changer tout le système de la guerre.

« Chacun sait, dit M. L Lalanne (2), que c'est dans un compte de « dépense du mois de juillet 1338, que l'on trouve la plus ancienne « mention des armes à feu en France; mais il est probable que leur « emploi est antérieur de plusieurs années à cet acte, car, à partir « de cette époque, il en est question très-souvent. On les voit figurer « aux siéges de Puy-Guillem (mars — avril 1339), de Cambrai (sept. « 1339), du Quesnoy (1340), du château de Rioult en Artois (1342). »

Nous nous étions souvent demandé pourquoi, parmi ces diverses cités flamandes et artésiennes, ne figurait pas Lille, cette célèbre capitale de notre belle Flandre; nous sommes heureux de pouvoir prouver aujourd'hui que ses curieuses archives municipales récélaient à cet égard de précieux secrets qui viennent lui restituer tous ses titres de gloire. Les documents que nous avons trouvés dans ce riche dépôt nous permettent, en effet, d'affirmer que Lille a fait usage du canon à une date

---

(1) Les registres aux comptes contiennent des documents d'un haut intérêt sur ces otages.

(2) *Rech. sur le feu grégeois,* p. 81., éd. in-4.° — V. aussi M. Lacabane, bibl. de l'école des Chartres, 3.° série, t. I, p. 28;—M. de Saulcy, le *Moyen-âge et la Renaissance, art. armurerie,* t. IV, fol. XIX, V.°

aussi ancienne que Tournai (1); mais qu'à cette époque reculée, ce nouvel engin y était désigné sous un nom qui nous remet en mémoire ce passage d'un auteur arabo cité par Casiri dans sa bibliothèque arabe espagnole (2), et ainsi traduit par M. Reinaud : « ils mugissent comme si c'était le tonnerre. »

Ainsi, le comptable lillois de 1339-40, après avoir énuméré les dépenses occasionnées par l'entretien des diverses machines que nos lecteurs connaissent déjà; après avoir mentionné les *pots pleins de chaud, les mines pratiquées* à l'Abiète, à Saint-Jacques et au Noef-Markiet, déclare qu'il a payé IV l. XVI s. à Jehan Pied-de-Fier pour IV *tuiaux de tonnoire de garros et pour cent garros.* Deux ans après, c'est à un *Mestre du tonnoire* qu'il a remis XI l. XII s. VIII d. *pour ledit tonnoire faire;* alors même que XX s. sont alloués à M.ᵉ Jehan de Venduille, pour vin donnet à luy, *quant il fist gieter le premier engin.*

Ce *tonnoire* serait-il le même que l'engin éprouvé pour la première fois, comme nous venons de le voir, par Venduille? Cet engin, enfin, ne serait-il pas le canon des premiers temps de l'artillerie?

Peu satisfaits sans doute des essais de Venduille, les échevins faisaient appeler le maistre de l'artillerie de Tournai (1342), auquel ils ordonnaient de présenter vin de courtoisie. Le messager devait aussi *finer* dans cette ville *que on eust dou carbon de feure.*

Quoiqu'il en soit, nous voyons, que, en 1347, M.ᵉ Jehan-Blanc Pain, qui venait de faire un *nouvel engin à deux verghes,* recevait IIII s. VIII d. en courtoisie, *quant il fist gieter les engins qu'il avait fait el mois de novembre,* et IIII los de vin, de XXVIII d. le lot, *quant on fist gieter le triuwe* (3) *au moliniel.*

Ces derniers essais n'ayant pas complètement satisfait les officiers municipaux, ils faisaient appeler un *maistre qui vint chi gieter d'un ton-noile.* A ce dernier ils accordaient VIII s. en courtoisie, alors qu'on remettait par leur ordre XI s. VI d. *as maistre de la ville et plusieurs ouvriers qui burent à le bienvenue dou maistre qui gieta dou tonnoille, parmi le salaire d'un vallet qui rala querre les garriaus.*

Enfin, nous trouvons, en 1348, le canon mentionné. Nous lisons : *pour I canon dont on giete garos acaté III escus, val. LVII s. Pour poure dont on asaia che chanon et pour II garos* (4) *et le fachon, VI s. VIII d.*

Il est bon d'observer que ce canon ne coûte que LVII s., tandis que le *tonnoire* de 1341 avait été payé XI l. XII s. VIII d.

L'année suivante, I *canon dont on trait garos,* est acaté par échevins III escus et VI gros, val. IV l. XVIII s., et l'on alloue, en 1350, XX s. fors pour I despens d'eschevins et de wit (huit) hommes, quant on asaia les chanons.

Cet essai avait sans doute été fait en vue de l'expédition qu'on allait entreprendre contre La Bassée, qu'on avait l'intention *d'ardoir,* suivant le droit barbare de l'époque (5). En effet, parmi les dépenses qu'occa-

(1) M. le comte Léon de la Borde, *les Ducs de Bourgogne,* t. I., introd. p. XXXIV note
(2) Voy. notre cité picarde, p. 53.
(3) Pour le fonds de le petite triuwe refaire, II s.
(4) 1382, Gariaus estoffés à III gros pièce.
(5) Voy. la *Notice* de M. le docteur le Glay.

sionne cette entreprise, figurent les X s. fors alloués à Jaqmart le feure pour XL, *grans clous pour fierer les garriaus des canons as debous, pour II cace de fier pour chacier les quarriaux ens*, et, enfin, *pour V mameffles*. De leur côté Piéron Dou l'onchiel et Jacques de lo Blaquerie, mercier, exigeaient XXII s. VI d. fors, *pour V l. de salpétre et II l. de soufre vif*.

Observez que le charbon mentionné, en 1342, et employé, en 1359, puisqu'à cette dernière époque l'argentier porte en dépense les XXXII s. donnés à mestre Jehan l'artilleur, pour laigne (bois) dont on a fait carbon, et pour les carbons faire pour les canons, non compris VI s., prix d'un pot à metre ens les carbons, ne figure pas ici (1).

Les espringales furent aussi conduites à La Bassée, car IX l. XI s. fors sont également portés en compte pour les frais des espringales et de l'artillerie.

Longtemps après (1358), Mikiel le feure obtenait LX gros de XXXIII s. II d., pour I c. de *grans fiers de quarriaus de canons*, alors que Franchois le feure exigeait CXII gros, de LXI s. XI d. *pour le fierage de IIII canons*, et Gillion des Ghodaus XI s. VIII d. de gros, de LXXVII s. IIII d., *pour le fierage de V canons*.

Remarquons avant d'aller plus loin, que cette même année, deux canons faits par Jehan Vrederel ne sont payés que XXX s. X d. (2); que XXIII autres acatés à Tournai, ne reviennent qu'à XXIII l. VI s. monn. de Fland., de XIII l. VII s. XI d. ob., *parmi le caritet de l'accat et le vin des valles du mestre*.

Ne pourrions-nous pas supposer que ces derniers étaient semblables *aux canons à main*, employés, selon Daniel (3), pour la première fois, au siége d'Arras de 1414?

Le document que voici ne peut que nous confirmer dans cette pensée: *à mestre Jehan le Chiboleur*, nous dit le comptable, j'ai payé VI s. de gros, val. XLI s. VI d., *pour IX fourmes debos à ens metre IX canons, VIII gros pour le pièce: à Jehan de Mons j'ai remis III s. de gros, val. XX s. VIII d. ob. pour VI fourmes de bos à ens metre VI canons, VI gros pour le pièce*.

Gillion des Ghodaus, dont nous venons de parler, obtenait XXXVI gros, en 1382, pour chacun des treize canons qu'il avait loyés et estoffés de fier, avec les caynes et quevilles y servant, et X l. XII s., pour loyer de bandes de fier et estoffer bien et soufflsamment *IV baus de canons*, y compris cinq grandes quevilles de fier y servant.

Pierre Demileville, surnommé *Pierre del orloge*, qui l'année précédente avait placé l'horloge de la ville, laquelle sortait sans doute de son atelier, fit faire de grands progrès à l'artillerie lilloise. L'argentier nous apprend, en effet, qu'outre les III s. qui lui étaient remis *pour le vif argent mis à esprouver une bonbarde*, qu'il avait achetée au nom de la cité, IV l. lui étaient payées pour un canon par lui fait; XXXVI l. pour trois autres; puis XVI l. comme prix d'une bonbarde jectant pierres, et XLV l. pour deux grans canons jectant pierres. Il recevait en outre

(1) Voy. A. Alexis Monteil, *Traité des Matériaux manuscrits*, t. II, p. 294.
(2) En 1380, deux autres coûtent XLVI s. — Nos lecteurs savent déjà que, dès 1365-66, la ville possédait sept canons.
(3) *Hist. de France*, t. II, col. 937, B.

XX s. pour avoir amendé *IV grans canons trop estrois devant*. La même somme lui était accordée *pour désemplir et cachier hors d'un autre canon le fer qui l'obstruait*, et XIII l. XVIII s., pour un autre canon par lui livré *et assis sur son travail*, le tout du poids de VI.ˣˣ XIX l., *parmi une plate de fier mise sur le trau dud. canon*.

Cette même année (1382), M.ᵉ Pierre, le feure du castel, faisait payer XI francs du roy, de XX l. XII s. VI d., une autre bombarde, alors que Jehan Houziel ne demandait que VIII l. XII s. pour avoir fieret une bonbarde, *et ycelle loyet de bandes de fer tout autour, et ordonné de tout pour le mettre en sen travail*, pesant tout ledit ouvrage IIIIˣˣ et VI l. de fer. Pour le ferage d'une autre petite bombarde il en faut trente-sept livres et demie ; tandis que près de deux cents livres sont nécessaires pour estoffer la grande bombarde. Ailleurs on parle de la *queville de fier sour quoy la bombarde est oudit travail*.

Pour fermer la lumière des bombardes on faisait usage *de nocquets à caynes* (1). L'argentier porte aussi en dépense, et les XLVIII s., prix des neuf *soufflés à souffler le feu pour faire caut le fer de canon*, et les LXXII s., payés pour neuf *fouyères de fer* à mettre et souffler le feu pour les canons.

En 1364, le comptable parle de la *poudre* achetée. Dans la suite, toutefois, il se sert toujours du mot *pourre*. Ainsi, en 1381, une livre de *pourre de salpêtre*, achetée à Paris, coûte VI s. IX d. L'année suivante, les cinq livres de pourre de canon, vendues par un Flamand, reviennent, à neuf gros la livre, à XLV s., alors que cinq autres livres fournies par un Allemand sont payées XLVIII s.

En 1382, on alloue VII l. IIII s. à M.ᵉ Pierre Lenglesk et Riquier du Castel qui, par ordre des échevins, avaient fabriqué IIII c. et XL l. de pourre de canon.

En 1359-60, le salpêtre coûte sept gros la livre, et cinq gros et demi seulement, pris à Bruges. Le souffre vif payé cinq gros et demi dans cette ville, en coûte six à Lille. Longtemps après (1381), Bruges en fournit encore près de deux cents livres et l'apothicaire du duc en livre, l'année suivante, une grande quantité.

Nous voyons que, en 1368, trois onches de *canfre* sont mentionnées et payées VI s. VI d. gros, de XLIV s. X d., et que, en 1381, on dépense LVI s. IX d. pour *canfre, vif souffre, riaghal, arsenik* (2), *vif argent et salmoniack* pour ouvrer à l'artillerie.

En 1382, le mortier et pestiel de fer à faire pourre, que fournit Jehannin, *blaistre des canons du Comte de Flandre*, occasionne une dépense de XXXVII s. VI d.

Cette même année, huit *nocques* nommés *engrennoirs*, à ens mettre pourre de canons, pour les faire jecter, pesant XVIII l., reviennent à un gros la livre, et cinquante tampons de mesplier (néflier) faits par le tourneur Pierre Poitevin, pour trere de bombarde, coûtent L s.

C'est en 1368 que les *plommés* se trouvent mentionnés pour la

(1) La serrure de la grande bombarde
(2) Au sujet de l'arsenic pour la composition de la poudre, voy. le *Bulletin arch.*, t. IV, p. 152, et, p. 160, les Observations de M. P. Mérimée.

première fois, l'argentier portant en dépense LXI s. XI d. payés à la veuve de Jehan Orghet, potier d'estain, *pour CXII plommés de canon, pes. CXXXVII l. et demie.* En 1382, un autre potier d'étain en fournit encore un certain nombre.

Ces plommés étaient introduits dans les engins au moyen de martiaux; car *un martiel à cachier plommés de canons*, livré par Demileville, était payé huit sous, et huit autres *martiauls acherés*, cascun pesant cinq livres, étaient vendus LXX s. par Gillot de Tournay.

En 1383, *II caches à cachier plommés* sont estimées III s.

L'année précédente, la femme Jaqmon Douledonchiel exigeait quatre gros, de XXVII d. ob. pour le *fachon des moles des canons.*

C'est en 1382 que nous trouvons la première mention des boulets de pierre. Cette année, en effet, Colart de Mouret, marbrier à Tournai, fournissait II c. XVI pierres de bonbarde, moittié grandes et l'autre petites qui, à XII l. le cent, l'une pour l'autre, revenaient à XXV l. XVIII s. V d. Il fallut en outre donner vingt sous pour la carité de l'accat, et douze sous, pour, à le volenté d'eschevin, avoir se seanche de tenir ou laisser le marquiet. Quant aux huit baustes (caisses) de hierenhier esquelles furent amenées lesdites pierres, elles coûtèrent VI s.

Nous voyons ailleurs que LXXIX de ces pierres pesaient XVI c. XXVIII l.

De Mouret livrait encore d'autres boulets de pierre, du poids de douze livres et un quart chacun, à raison de treize livres le cent; alors que ceux qui n'en pesaient que sept étaient payés douze livres.

Nous voyons aussi figurer et la *queville de fier à deux rons envirs,* et un *grant fons de fier servant à celi bombarde pour faire jecler petites pierres.*

Nos lecteurs savent déjà que, dès 1350, des canons avaient accompagné les troupes que la ville envoyait à La Bassée, ils ne seront donc pas surpris que le duc de Bourgogne, connaissant la nombreuse artillerie de Lille, ait fait demander (1385) à ses magistrats canons, engiens et ouvriers pour les mener en l'ost devant le Dam.

L'année suivante, nous voyons que la cité avait fait délivrer aux arbalétriers envoyés au roi, lors de la descente projetée en Angleterre, XX coffres contenant quarreaux de arbalestre, XX pavais, IV canons, II coffres plains de pourre de canon, I coffre plain des aultres coses, II tonniauls plains de pourre de canon, VI falos, I tonnel plain de tourtiaux de falot, et plusieurs tonniauls plains de armeures et d'autres coses.

En 1387, afin d'obéir aux ordres du roi, on faisait provision de *arbalestriers, de canons et de artillerie, pour le fait del armée qu'il entendoit à faire et mettre sour le mer,* afin d'obvier à ses malvoellants. L'argentier nous apprend que le transport du harnas, ou tret, *des deux canons* et des dix-huit arbalétriers, d'Abbeville au Crotoy, et du Crotoy à Kayeus, où le *navire du roi estait,* coûta I fr. de XLII s. Il a aussi grand soin de porter en dépense la somme de LXIII s., *prix de la moitié d'une trompette payée en commun avec ceux de Douai, pour euls ensemble raillyer.*

Cette même année, la ville donnait dix gros par jour à chacun des sept arbalétriers qu'elle envoyait en garnison à Noefport, et huit gros à chacun des cinquante-trois *bastonniers* qui les accompagnaient. Quant aux *manestres* (musiciens) *qui jusques dehors le ville les convoyèrent*, dix sous leur étaient accordés.

XV.ᵉ SIÈCLE.

Comme dans le siècle précédent, l'arc et l'arbalète sont encore en usage. Ainsi, en 1404, on achète à Bruges un cent de *bastons crus* pour faire arbalestres, moyennant LXII l. VII s. VI d., comprins ens les frais d'iceulx faire mettre en tonniaux, *tonlieux* et voiture de les faire admener de lad. ville de Bruges.

Cette même année, l'artilleur Pasquier de Baclerot demandait onze sous pour chaque *cru baston d'ars arballestres* par lui ouvré, verni et mis sur corde, et trois sous pour loyer chacun d'eux sur *son arbrière*. En 1412, il y met nouvelles cordes et nouvelles *serres*, et adapte *des nois aux arbrières* achetées à Bruges, XXI s. febles chacune. Les *estages* de ces dernières sont aussi mentionnées.

A cette même époque, Baclerot exigeait L s. febles, pour avoir réparé et rencordé de nouvel *un grant ark de corne, avoir icellui monté sur le grande arbrière noefve* par lui livrée, avœc un nœf estrier, et icellui avoir *fait paindre et armoyer des armes de la ville*, et aussi les avoir fait couvrir de canevach.

L'année suivante, il rencorne et rappareille cinquante deux arballestres de corne, livre un grand nombre de cordes d'arc à main, et fait *peindre et armoyer* ces derniers (1).

En 1405, c'est Jehan Steenkin, ouvrier d'arbalètes d'acier, à Bruxelles, qui, moyennant XXXVI l., fournit *six verghes d'arballestres d'achier, de XIIII quarreaulx, parmy les estriers, sans cordes, ne arbrières et engiens à les tendre*. Ces derniers coûtaient XLIIII s., les cordes, six sous.

En 1476, il fallait remettre à point *les serres* des sept arbellestres prestées a la ville par madame de Richebourg. N'oublions pas *les crennequins d'achier* (2) que possédait alors l'arsenal de Lille. En 1489, deux engiens d'achier servant a les monter, reviennent a IIII l. IIII s., et la corde de chacun d'eux est payée VI s.; tandis que pour *une arbrière adaptée à ung puissant crennequin*, on en exige XLVIII.

En 1471, Luc Le Monnier, artilleur du duc, obtient IX l pour III c. trois quartrons de tret d'arballestre empenés de bois et ferrés de fers non esmolus.

(1) Les arcs faits avec le bois de l'if étaient fort en réputation, en 1478. En 1430, un individu encourt une amende de LX s., pour avoir trait d'ars as gales.
(2) Selon Roquefort, le *cranequinier* était un arbalétrier à pied et à cheval. — Philippe de Commynes mentionne les *cranequiniers*, liv. 1. ch. VI de ses *Mém*. Si nous en croyons Roquefort, toutefois, le *cranequin* était un pied de biche ou un instrument pour bander les arbalètes: il était en fer et se portait à la ceinture. (*Dict. de la Langue romane*, t. 1. p. 817). — Dans son supplément (p.101) il dit : Instrument de bandage; pied de biche, sorte de clef pour armer les arbalestes. Cet instrument qui se portait à la ceinture, s'ajustait, en cas de besoin, sur le fust de l'arbaleste. Le *cranequin* était en fer et disposé en double manivelle dont la rotation se faisait au moyen de deux crochets de fer attachés au bout des deux courroies.

En 1404, les chaperons des vingt-cinq arbalétriers envoyés a Grave-lines, pour la garde du pays à l'encontre des Angles (Anglais), sont de vermeil drap, et les bandes de blanc drap, ainsi que les fleurs de lis. Pour leur étendard il faut une aune de bougran. En 1406, ces fleurs de lis sont de drap *d'araigne*, à seize sous l'aune. La bannière du trompette qui précédait ceux que la ville avait dirigés sur l'Escluse, était de *cendal vermeil, blanc, noir et jaune*, à VIII s. l'aune.

En 1417, c'est à Anthoine, trompette de Jean-sans-Peur, que les échevins confient le soin de présenter à ce prince les XX arbalétriers et les X paviseurs, qu'ils envoient à Paris, pour le bien du roy, nostre sire, et de son royalme.

Pour le drap vermeil et blanc des caprons de ces arballestriers, paviseurs et cartons, CXVI s. sont alloués, et L s. febles pour leur étendard.

Ceux qui quittent la ville, en 1419, assistent, avant leur départ, à *une notable messe à note*, célébrée à St-Etienne, laquelle coûte XXIIII s. VI d., y compris l'offrande. Quant *aux trois menestrelz et au trompette, qui jouent de leurs instrumens devant iceulx aballestriers*, X s. VI d. leur sont accordés; et XXIII d. VII d. ob. à Pietre Robert, qui avait peint aux armes de la ville huit pignons remis aux cartons et au connétable. Long-temps après (1433), Loys le pointre peint celui donné aux arbalétriers envoyés au siége de St-Valery. En 1472, il faut quarante aunes de drap moitié bleu et moitié blanc, à XIIII s. VI d. l'aune, pour les *paltos* des qua-rante archiers, *picquenaires* et pionniers, que la ville fournit au bâtard de Bourgogne, et une aune et demie de vermel (à XVI s. l'aune), employé à *ferre croix St-Andrieu sur lesdis paltos*. Pour les *jacques* des archers le parmentier exige L s, et XXVI s. pour celles des pionniers. N'oublions pas les LXXII aunes et demie de frise, à VII s. l'aune, pour les manches de ces *jaques*, non plus que les LXX douzaines d'esghillettes de fil, à XVIII d. la douzaine.

L'argentier parle ensuite des sallades, des gorgerins, des brachières, des aubers, des garde-bras, des espées longhes qui leur furent livrés, ainsi qu'à ceux dirigés sur Nuitz. Pour ces derniers le frère de Pietre Van Malle avait fourni quatre bancrolles, à IIII s. pièce. Quant aux douze pionniers qui les accompagnaient, le brodeur Coille, qui venait de placer IIII escuchons aux armes de Lille sur les deux pavillons prêtés au duc, avait brodé deux fleurs de lis blanches sur leurs paltos.

En 1475, il fallait six aunes et demi quartier de drap vermeil, à XX s. l'aune, et une demi-aune de *blanquet*, de XII s., pour les *journades* des huit compaignons (quatre charpentiers et quatre charrons), que la ville envoyait au service du prince. Ce fut encore au brodeur que l'on confia le soin de placer sur chacune d'elles *une fleur de lis blanche par devant, et derrière, pour les carpentiers, à chescune une happe* (hache), *et à chelle des carliers* (charrons) *à chescune une roe*.

Chacun d'eux reçut en outre une javeline pour défendre leur corps en allant par les champs. Ces piques avaient quelquefois jusqu'à vingt-deux pieds de long.

Lille fournissait aussi à ces généreux citoyens des chariots pour les-quels elle s'imposait souvent de grandes dépenses. Ainsi, en 1386,

XX s. sont alloués au peintre Jehan Mauvin, *pour se desserte de avoir paint et armoyet des armes de le ville, I car, couvert de auiselin (planches), et les pavois et banières (1) pour les arbalestriers, canonniers et paviseurs lillois, ordonés pour aler servir le duc de Bourgogne ou voiaige que on entendoit à faire en Engletiere.*

En 1453, l'argentier, après avoir parlé des trente-six archers levés pour contribuer à la réduction de Gand, lesquels, dit-il, furent réduits à trente-quatre, afin que la solde de ces deux derniers servît à celle d'un trompette (à XXIIII s. par jour) *pour leur esjouissement,* nous fournit de précieux détails au sujet du chariot qui servit au transport de leur tente. Il nous dit que, pour le couvrir, il fallut *treize aunes de drap vermeil, à neuf sous l'aune, six quartiers de drap blanc, de XIII s. VI d., pour les fleurs de lis, et, enfin, douze aunes de quenevach, à III s. l'aune, pour en faire une couverture à mettre sur led. car audesoubz de led. couverture de drap.* Les esguillettes à attacquier le drap sur le car sont aussi mentionnées.

Chaque année, le jour de leur fête, les arbalétriers apportaient en grande pompe leur oiseau à la halle, où il restait déposé. Ainsi, en 1441, nous voyons que Gilles le Cat avait fait trois potentes de fer, chescune potente à tout une buise de fler de ung piet de long, servans en le chambre d'eschevins pour mettre *les pappegais (2) de l'arc arballestre.* L'argentier a aussi grand soin de porter en dépense le prix du vin accordé aux arbalétriers qui, après leur feste du rosignolt, apportèrent en halle leur d. rossignolt.

En 1447, les deux connétables et les seize arbalétriers, qui venaient de recevoir de la ville douze livres, pour et en advancement d'avoir fait faire chescun *une heucque verde, armoyé de blanches fleurs de lys, pour eulx porter au-dessus de leurs armeures, au jour du behourt (fête de l'Épinette),* acceptent aussi de grand cœur les XXIIII s. que leur accordent les bons échevins, *alors qu'ils apportent le rosignolt en halle, pour le mettre avoec les autres, pour l'embellissement d'icelle.*

En 1489, Lille faisait à l'illustre époux de Marie de Bourgogne un cadeau bien digne de la haute réputation militaire que s'étaient acquise ses courageux habitants. Ses magistrats s'adressaient à cet effet à deux habiles artilleurs, Zegre Duprier et Gilles le Mesre, qui leur fournissaient une douzaine d'arcs à main, de XVIII l; cinq douzaines de flèches, de XII l.; quatre douzaines de cordes, de XXXII s. Quant *aux fers de ces flèches, tant dorés, comme autres,* ils les payaient VIII l., et leur étui

---

(1) Chaque centenier avait aussi sa bannière, comme le constate ce précieux document de l'année 1476-77 : à Anthoine Pietres, peintre, pour son sallaire d'avoir fait et livré à la ville le nombre de XVI benières vermeilles, et sur icelles mis et assiz les XII apostres et autres sains, tout d'or et d'argent, pour icelles benières délivrer, à chescun centenier, une, adfin que chescun se trouvast soubz sa benière, toutes les foix que effroi venroit à led. ville. — En 1478, un autre peintre, Robert Labalestrier, recevait du *magistrat* XIIII l., pour avoir peinct l'enseigne des bourgois de Lille en dessoubz du S.t de Herbamez : Asscavoir, au mytan ung St. Estienne avec les ruans de pierre (ceux qui le lapidaient), les armes du roy, nostre sire, celles de ceste ville, et le tout faict et painct de bon or et argent, et fins couleur à l'huille.

(2) Rabelais parle (*Pantagruel,* liv. IV, chap. LII) du canonge, grand et fort papier qu'on employait pour les livres de chœur. On en faisait aussi usage pour le blanc servant à la butte des archers et des arbalétriers. Au centre, suivant Rabelais, (Ibid.) on peignait, d'ordinaire, une grolle ou corneille.

XLVIII s.; alors qu'une custode pour ces flèches coûtait le même prix, y compris l'étui des cordes, et que le peintre exigeait L s. *pour peindre quatre de ces arcs et une douzaine des flèches.*

La haute bienveillance avec laquelle Maximilien avait accueilli ce témoignage d'attachement de la bonne ville de Lille, engageait ses magistrats à le renouveler, en 1493. A cette dernière époque, ils complètent leur splendide cadeau en y ajoutant *deux douzaines de fers à esprouver harnas,* à III s. pièce, et *ung doittiers broudé,* de LX s. L'année précédente, ils avaient dépêché leur messager à Malines, à l'effet d'y présenter à l'archiduc certain traict à main pour tirer l'oiselet, au IIIe jour de may.

Parlons actuellement des diverses pièces d'artillerie réunies dans l'arsenal de Lille. En 1406, on y comptait trente sept canons au moins, car l'argentier porte en dépense les cinquante sous alloués à Demilleville (1) et à plusieurs autres canonniers qui, par pluiseurs fois, ont fait *getter* XXXVII des canons de la ville, pour savoir se il estoient boin. En 1412, les quatre grans canons, appelés bombardes (2), ainsi que quatre autres grans canons et XXIII petis canons de fer, sont nettoyés et refectionnés par Jaques Yolens, *orlogeur* et canonnier. On lui remettait aussi IIII l. XVI s. febles, prix *des deux petis canons portatis, pes. XLIIII l., qu'il venait de fondre, considéré qu'il n'en y avoit aucuns de tele fachon, et qu'il sont tout de fer.*

Les registres nous font connaître les immenses munitions de guerre que Lille avait réunies dans ses vastes arsenaux, à l'époque du terrible siège d'Arras de 1414. Outre les rondes pierres de canon, dont nous parlerons bientôt, elle faisait venir d'Amwerpes (Anvers), où Jaqmart Lolieur, échevin, se rendait à cet effet avec des Godaux, pluiseurs veuglares, engiens à tendre arballestres et pluiseurs autres garnisons nécessaires à deffence de boine ville. De son côté, Nicaise Cambier, faiseur de fers de viretons (3) et de *caude treppes* (4), à Binch en Haynau, lui fournissait VI m. et IIII c. de fers de viretons, au prix de CV l. XII s. febles (nous en omettons un grand nombre d'autres); VIII m. *caudes treppes,* à VII frans le millier. Jehan Pierin lui procurait aussi *deux milliers de petis porchons de terre, à ens mettre cauch, pour le deffence de le ville.*

<hr>

(1) Sans doute le même que Pierre Daimlleville, faiseur d'oreloges lillois, que notre savant collègue, M. le docteur le Glay, a fait connaître à M. le comte de La Borde (Ouv. cit. t, I, p. LXI)

(2) En 1406, Pierre Demilleville fait les quatre chercles et les deux membres de fer qui tiennent le sommier d'une bombarde.

(3) En 1417, il fournissait VI m. III c. de viretons, moitié, *à fælle de sauch;* et l'autre moitié *à fachon de mousque,* à raison de XXXIII s. febles le cent. — En 1460, l'arsenal de Lille possédait CLII m. de tret et fust de viretons d'arbalestres, et pluiseurs *dondaines.* (Voyez Roquefort). — 1475, l'artilleur demande XXI s. pour rempenner un cent de viretons.

(4) En 1478, on faisait porter à Pont à Wendin (en deux penniers) certaine quantité de *caudes treppes,* qui y furent semées, pourtant que nouvelles estoyent que les Franchois y devaient passer, pour aller à Tournay, à tout vivres. En 1485, on en plaçait onze, pesant LXXI l., à la barrière extérieure de la porte du Molliniel. Deux ans après, on en clouait deux, au moyen de deux bandes, à la grande barrière de la porte d'Errignault.

Le nombre des pièces d'artillerie que les magistrats lillois font fondre alors, (1414), est incroyable. Ainsi, nous voyons successivement apparaître, outre les XXIIII engiens à monter arballestres, 1 petit canon de fer prest à jetter plommés, payé XXXVI s. febles ; 1 grand engien de canon, comme *veuglare ;* cinq autres *veuglares* avec leurs cambres, payés III c. III l.

L'habile Jacques des Godaux, que nous avons déjà cité, leur fournit encore deux *veuglares,* pes. II c. LXX l., chacun à deux chambres (1).

A l'Ecluse, on choisit, dans les ateliers d'Herman Hewlinchonne, XXV *veuglares,* pesant XXIX c. LXXI l. Vingt-six autres *veuglares,* les XIII prémiers et leurs XXXVI cambres (2), pes. XII c. XXV l., et les XIII autres, du poids de XVII c. XLVI l., sont tour-à-tour mentionnés.

Ces diverses machines, tant les engiens, cambres, comme les aucuns desdis *veuglares,* furent transportés dans de grands tonnels de sapin.

On envoya aussi à Arras trois tonneaux esquelx avaient esté mis un grand mont *de caude treppes.*

Certains *veughelaires* avaient jusqu'à trois chambres, tels les cinq que fournissaient (1452) Willeaume Cuvelier, Rogier Desfontaines et Allard de Laubel, et quatre autres, pesant XIII c. XXV l., qu'avait fondus (1453), Jehan Dubos. Longtemps après (1470), ung grant et puissant *veughelaire* coûte VII l. IIII s.

Les *veuglares* sont quelquefois nommés simplement canons (3). Ainsi, en 1414, Bertran de Dignant, canonnier à Maubeuge, faisait payer CXXXl. X s. febles, les trois canons, *autrement nommés veuglares* chescun à deux cambres, et du poids de IIIIxx l., qu'il avait livrés à la ville.

D'ordinaire, on envoyait au fondeur *un modèle en bois des chambres qu'il devait fondre.* Ainsi, en 1479, on fait porter à Bruges *ung molle de bois, pour sur icellui faire une chambre à ung gros veugelaire.*

Les travaux des veuglares étaient établis sur trois petites roues qui coûtaient (1400) douze sous (4). En 1412, les échevins ayant entendu vanter ceux que les magistrats douaisiens avaient fait construire pour leurs *veug aires,* envoyaient dans cette ville avec Jaques Miette, qui venait de parfaire *le travail* du grand canon, Jehan Miva, maçon, et Jehan des Godaux (5), adfin de en faire pareils pour la ville.

En 1414, des Godaux embosque (6) plusieurs *veuglares,* et confec-

(1) Les six qu'il livrait, en 1415, moyennant CXLVIII L. VI s. VIII d., pesaient, y compris les douze chambres, VIII c. X l., et les six autres, fournis par Jehan Van Ost, de Bruges, IX c. L l.

(2) Les bombardes avaient aussi deux chambres, puisqu'on mentionne (1437) ung canon à manière de bombarde, à tout deux chambres.

(3) En 1414, Jehan de Vosto livre dix canons de fer, du poids de III c. IIIIxx V l. pour getter plommés, munis de leurs caches de fer et de leurs marteaulx achetés. — Veuglares et canonchiaux.

(4) 1404. Une pièce de bos à faire un travail pour un grand canon LXVI s. — En 1414, un carlier (charron) livre six roeuwes, deux aissieulx et III traversiers pour travaulx de canons.

(5) On voit ailleurs (1418), qu'il recevait XII l. par an, comme commis par halle à garder et soliciter les canons, *veuglares,* pourres, *garnins,* marteaulx et autres habillements de canons de la garnison de la ville.

(6) Le bos, les bendes et autres tierailles ouquel les engiens sont embloquiés et ataquiés.

tionne un *travail* pour un des plus grands, autour duquel il fixe cinq grands cercles de fer. (Nous voyons ailleurs que les ferures de deux autres pesaient LXXVII l.) Pour ce *travail*, il livre trois chercles et carnières, un grand envir, deux grandes fourcques, deux grans estriers, quatre portières, etc.

L'année suivante, les trois habiles ouvriers que nous venons de nommer, se rendent, par ordre des échevins, à Tournai et à Yppre, pour veir et savoir le manière et fachon des embosquemens de leurs *veuglares*, adfin que ceulx de la ville de Lille fussent samblablement ou mieulx fais.

En 1430, il faut deux gros hommiaux (ormes) de brachie et un autre menre (moindre) payés XIII l., pour enfuster canons et *veughelares*. N'oublions pas les six chevalés de bos, à trois pies, destinés à six *veughelares*, que livre Ernoul Dou Riez, charpentier de la ville.

Cette même année, Watier le Fèvre et Thomas Caron refont pluiseurs rouwes aux *travaux* des grans canons, et Gilles Le Cat, autre fèvre, reçoit IIIIxx IX l., pour avoir fait le ferure do XIII canons, à cascun III bendes pour les loyer sur le bos; IIII oelles et une queville ronde *pour tourner sur les quevalés et sur les caryes*, et à cascun une clef pour fremer les cambres par derrière (1), à tout une kayno de ung piet de long, pour ataquier lesdites clefs à VI rondes quevilles, pour tenir les roilles à VI caryes, et *XII clefs pour hauchier les keuves desd. canons*; XII quévilles à caynette, enfin, pour tenir lesd. keuwes (2).

En 1443, les mollettes et rouwes des engiens des *veughelaires* sont mentionnées. En 1465, Le Cat reçoit IIII l. XV s., pour avoir fait *deux fors torillons, chescun à trois bendes et six crampons*, destinés aux deux petites serpentines, pour les mettre sur deux *travaulx*, avec quatre hanes pour mettre aud. *travail*. Il livre aussi les bendes et serraiges de la grande serpentino, si comme *le grand torillon à trois bendes*.

Parlant ailleurs des trois doubles verghes qui maintenaient la queue de chaque canon, l'argentier nous dit que chacun d'eux devait avoir *ung fort hanet et ung torillon d'ung piet de long*.

Ces documents divers, que nous nous sommes fait un devoir de grouper, peuvent nous donner une idée des essais nombreux qui précédèrent l'invention *de la pièce à tourillons*, laquelle M. de Saulcy considère comme le perfectionnement le plus important qui se soit produit dans l'artillerie. Le savant académicien, que Lille compte avec un légitime orgueil au nombre de ses enfants, pense que cette innovation eut lieu entre les années 1470 et 1494 (3).

Les registres aux comptes viennent ici confirmer les prévisions de la science, car, c'est, en 1470, que nous y trouvons ce précieux document,

---

(1) 1465. Hurtoir à deux bendes pour mettre derrière le cambre d'un canon.
(2) Parlant de la bombarde cerbotana (XIV.º siècle), M. de Saulcy dit : « La pièce porto
« de petits tourillons coniques autour desquels elle peut tourner, la longue queue trouve
« un point d'appui sur la barre plus ou moins élevée qui la soutient. Le plateau do l'affût
« est sans roulette et n'a donc aucune mobilité. Nous devons remarquer ces tourillons
« donnés à une pièce fondue dès le uatorzième siècle, car nous verrons que cette dis-
« position fut à peu près aban   longtemps et no reparut guère que cen
« ans après, mais avec bien   ele.   (Ouv. cit. fol. XX 2.')
(3) Ibid. fol. XXII. 2.'

qui en tdissiper tous les doutes qu'auraient pu laisser dans notre esprit ceux des années précédentes : A Andrieu Gillot, fèvre, LX s., *pour avoir reloyé de noefve ferraille une serpentine pour le bollewercq de la porte Saint-Sauveur, sur deux tourillons et fait une nouvelle queuwe derrière pour le hauchier et avaler.*

Les grands *veuglaires* étaient parfois placés sur des chariots à quattre roes, pour lesquels il fallait six cents livres de fer. Hubert de Millens, *fondeur de laiton*, avait livré, en 1479, pour l'un d'eux, une chambre du poids de IIII c. LXV l. Il est vrai que, dans ce poids, nous devons faire entrer une hacquebusse de cuivre.

Celte même année, l'argentier mentionne *la cramilie* (1) d'ung baston et son soufflet ; puis les deux quevilles passans l'aissil *des rouges serpentines*, aussi bien que *leur torillon* maintenu par quatre bandes. D'autres avaient les deux bandes fixées au moyen de quatre quevilles à tieste et à euche. (Une euche à chaîne pour une serpentine.) L'année suivante, les bendes et quevilles de fer *pour fremer les torilles sur l'affust d'une grande serpentine de cuivre*, et de six autres serpentines de fer, *peintes en rouge*, coûtent IIII l. IIII s. ; tandis qu'une *cresmillie de fer* et ung arrest pour *ung baston à quevallet*, sont payés XXIIII s. En 1486, Miquiel de Renty, fèvre, fournit une queville et une kaisne servant à *haulcier et avaler ung baston.* En 1491, il faut pour *ung rouge baston* une cramillie de fer, d'un piet et demy de long, et une clef à cruque, du poids de six livres. En 1492, *une double cramillie de fer pes. XXVIII l. est fixée à la serpentine à quevalet à tirer l'oiselet,* laquelle était maintenue sur son affût par ung hurtoir à clef et à quatre estriers. *Les hurtoirs des engiens à tirer l'oiselet pesaient quelquefois XXX l.*

Il y avait aussi des *crameillies de bois*, dont les têtes étaient fixées au moyen de bandes de fer de deux pieds et demie. A celle d'une serpentine de fer on remarquait (1492) une queue de fer de deux pieds, ung estrier, XII bendes à esquerre, du poids de XXXII l. (Bendes à hurtoir.)

C'est, en 1433, que les registres mentionnent pour la première fois les coulevrines. Nous y lisons : A Jehan des Godaux, fèvre, XIII l., pour l'accat à lui fait par eschevins *d'une grande culevrine à deux cambres avoec deux petis culevrins sans cambre* (2) : puis à Willaume Vrete, aussi fèvre, XXXII l., pour VI *culevrins enfustés, chescun à trois cambres, et VI petis culevrins emmanchtés.*

Celte même année, Jaques Yolent, orlogeur, (3) et Mahieu Demileville affluent XVIII l. de pourre de canons, pour esprouver coluevrines.

Longtemps après (1443), le canonnier Pietro Desquermes (il gagne X s. par jour) éprouvait les cinq nouveaux *veughelaires*, deux gros engiens de ceuvro et pluiseurs culevrines, et enseignoit pour en besoigner les compaignons quo l'en envoya en la ville d'Alos. En 1452, les

---

(1) Ces *Cramillies* pesaient de cinq à six livres. — Selon M. de Sauley, (*Bulletin des Sociétés Savantes*, t. I, p. 48, fév. 1881) on ne connaît que deux exemples, en Suisse, (parmi les canons conquis sur Charles-le-Téméraire) de canons à crémail ou crémaillère.

(2) En 1476, on forge nouvelles embouchures pour y faire servir plus grans cambres

(3) En 1409, il recevait LX s. par an pour soigner et tenir nes les canons.

cinq coulevriniers et leurs cinq aides, qui accompagnent les quarante archers envoyés au duc de Bourgogne, qui marchait sur Rupelmonde, reçoivent de la ville douze sous par jour, leurs aides et les archers, six. Leurs cinquante *cappeles de thille* coûtent L s. ; les deux coulevrines qui leur sont remises, IIII l. XVI s. ; les trois livres et demie de pourro de culevrines, XLII s.; les deux livres de plommés (1), III s., et les deux entonnoirs, III s. IIII d.

Le document que voici, en nous donnant un fidèle inventaire de l'artillerie lilloise, en 1460, nous fournit des détails pleins d'intérêt sur les couleuvrines, car il nous fait connaître que XIII l. furent allouées à Gilles le Cat, qui, aidé de ses valets, avait passé vingt-six jours à escurer et relimer les canons et culevrines appertenant à la ville : Assavoir est LXIIII canons, VIIIxx et V cambres servans ausd. canons; VI culevrines sur quevalés et *XVIII cambres servans à icelles culevrines ; XVIII canons ayant manches de fer et XXXV canons enfuslez en bos, à jecter plommés, et VIII culevrines ayans manches de bos* (2).

En 1465, XVIII *culevrines, enfuslées, garnies chescune d'un carquais et autres abillemens nécessaires au fait du traict desd. culevrines*, sont fournies par Robert de Boulongne, et payées LIIII l., ou XVIII lyons.

En 1472, une autre, garnie *d'escampe de fer* (3), coûte LX s.; tandis que celle qu'on achète à un inventaire n'est payée que XVI s. En 1475, quatre autres reviennent à C s. L'année suivante, le fèvre qui fait *ung nouvel cul* à une culevrine rompue, obtient VI s. En 1478, Hubert de Millens, *fondeur de layton*, demande XX s. pour la façon de chacune des XXXVI cullevrines de métal, pesans ensemble II c. XLI l., qu'il livre, et XXXVI s., pour celle d'un mollé à faire plombes; tandisque Martin Mortroel, hugier, exige XI l. XIIII s. pour leurs affûts (4). En 1481, six autres coulevrines coûtent XXXIII s. chacune, et le chevalet sur lequel on les place, aussi bien que les grosses hacquebuttes, est payé XII s.

Dès 1479, les paysans possédaient des coulevrines; car, à cette date, la ville de Lille faisait remettre XXVI s. à ung homme de villaige, qui lui avait vendu une cullevrine et quattre bourles de fer. Une autre en cuivre, munie de son affût et d'un mollé à faire plommés, ne coûte que XXII s.

Ce fut sans doute vers 1465, que les coulevriniers voulurent, à l'exemple des archers et des arbalétriers, posséder un jardin, puisque, cette même année, le maçon Mark Soiron travaillait à leur bersel (5), placé auprès de la noble tour. Il est aussi question du hurtoir fait pour un canon mis en nouvel bos, *qui fu rompu aux culevrynyers traire leur oselet.* Plus loin, on parle du *veughelaire*, ainsi que des pierres conduites au buisson de Wallencamp, où *les confrères culevryniers tirèrent dud. veughelaire, pour avoir roy en leur confrarie.*

En 1467, neuf lots de vin sont présentés aux cullevrinyers de Tournay,

(1) Deux plommés de coulevrine d'une livre et demie, à II s la liv.
(2) Canons, culevrines et crapaudiaux.
(3) Ces escampes valaient XII d.
(4) 1482. Ung virs de bos pour servir à l'affustz d'une grosse culevrine XII s.
(5) Ces berceaux étaient, d'ordinaire, complètement construits en grés.

pour honneur de ce qu'ilz s'estoient venus esbattre à Lille du jeu de le cullevrine avec leurs confrères Lillois, qui venaient de recevoir une gratification de LX s, à leur retour de Liége. Supprimée par les échevins, l'année suivante, la confrérie des cullevriniers se repentit longtemps d'avoir mécontenté ces magistrats et trompé leur bonne foi, en s'approchant d'eux subtillement et exigeant leurs draps, pour faire *leurs paltelos de parure de la procession de Lille*, en taisant que, l'année précédente, eulx avoient eubz semblablez paletos, quy leur devoient servir pour deux ans. Lesquelz eschevins de bonne foy leur avaient iceulx paltelos accordés.

Trois ans après, ces magistrats durent se féliciter d'avoir ainsi agi, puisque, alors que le duc leur enjoignait de tenir prêts pour son service le plus grand nombre possible de canonniers, de cullevriniers, de picquenaires et de pionniers, ils purent lui alléguer que la ville n'avait nulz canonniers, ne cullevriniers, et aussi que les gens de la ville ne se mêlaient de picques, fors d'estre archiers.

Disons ici que les quatre compaignons cullevriniers, qui allaient (1470) rejoindre à Pont-à-Vendin les gens de guerre estans illeuc la pour garde du passaige, *avaient des journades vermeilles, ayant chescune deux blancques fleurs de lys.* L'argentier parle aussi des cent trente-six journades vermeilles *aux parures de la ville*, à treize sous chaque, délivrées aux compaignons, *jueurs de trait à pouldre*.

Mettant en oubli leurs anciens griefs, et ne se rappelant plus que les services récens de ces courageux citoyens, les échevins faisaient acheter LXXI aunes de drap rose pour les cent paletots, *aux parures de la ville*, destinés aux cullevriniers de la cité, qui devaient escorter la loi à la procession.

Peu de temps après (1479), ces magistrats se montrant encore plus magnifiques, faisaient acheter pour les quatrevingt-deux canonniers et cullevriniers, LXVII aunes de drap vermeil et trois aunes de drap bleu, à XX s. l'aune, avec lesquels on confectionnait IIII^{xx} II pastosfz, *aux parures de la ville* : les trois aunes de drap bleu, servirent, comme nous l'apprend l'argentier, à faire auxdis paltofz *cnescun à manière d'un coller* (sans doute collier) *broudet autour du collet, en fachon d'un quievron.*

La couleur de ces paletots variait sans cesse, car, en 1480, on y emploie du *drap mouret*, à XXII s. l'aune.

Il est bon d'observer que, cette même année, les coulevriniers recevaient douze liv. des échevins, en advanchement d'un bel et riche estandart de drap de Damas, *aux armes et parures de la ville* (1).

Moins d'un an après, les officiers municipaux concèdent aux coulevriniers des journades de drap mi-parti blancz et sanghin, sur chacune desquelles on remarque *une croix Saint-Andrieu, de drap bleu.* Quant à la robe du varlet, elle se distingue par la petite cullevrine et la *fleur de lys, qui sont brolées sur l'une des manches.* L'année suivante, chaque coulevrinier reçoit un paltot de drap noir, enrichi d'une croix de Saint-Andrieu, de drap cler vert et de deux fleurs de lis blances, avec la fourme

---

(1) Voy. notre art. sur les bannières, *Arch. du Nord de la France* de M. Dinaux, t. 1, 3e série, pp. 311-313.

d'une cullevrine. En 1483, ceux qui sont accordés aux trente couletriniers, dont se compose la nouvelle confrérie (bientôt après portée à XLII), établie par les échevins, sont de drap rozet, à XXV s. l'aune, et le brodeur Guillaume de Sailli demande VI l., pour avoir fait sur chacun d'eux *la broudure d'une cullevrine et d'une fleur de lis* (1).

Parmi les obligations qui sont imposées aux confrères, nous remarquons celle d'envoyer, chaque dimanche, une dizaine traire de canons et de cullevrines au gardin, pour ce à eux ordonné emprès la porte de Fives. De son côté, le *magistrat* s'engage à leur faire délivrer, le premier jour de mai, huit livres de poudre à canon, pour jouer et traire de canons ou *veuglaires*.

Désireux de donner aux coulevriniers lillois une preuve certaine de sa haute bienveillance, l'archiduc acceptait la royauté qu'ils lui avaient offerte, et se faisait remplacer, *pour tirer l'oiselet*, par l'échevin Jehan de Douvring, auquel, et par extraordinaire, messieurs allouaient XII l. XII s., pour les divers prix par lui distribués au nom du prince, et parmi lesquels nous remarquons *ung fusil d'argent, pesant ung onche et ung estrelin; ung autre plus petit, pesant demy onche, et une verghe d'argent doré.*

Nos lecteurs ne seront pas fâchés de savoir que chaque roi des coulevriniers recevait *une espinette de cire*, que le cirier Allart le Cocq faisait payer VIII l., en 1486.

Nous savons déjà combien passionnées étaient les villes du Nord de la France pour les jeux de personnages (2), il n'est donc pas surprenant que les coulevriniers lillois, sûrs de conquérir les suffrages des officiers municipaux, au moment, surtout, où ils renouvelaient leur royaulme, aient offert à ces magistrats (1470) *ung esbatement du jeu de la cullevrine.*

Quelques-uns de ces coulevriniers entreprenaient de lointains voyages, de longs pèlerinages, de ce nombre était Guilbert au Pauch, dit Rousselet, qui recevait *du magistrat* une courtoisie, *à son retour du voiage de Jhérusalem.*

Les serpentines étaient aussi placées sur des affûts. Ainsi, en 1465, Guillaume Vreté, canonnier du château de Lille, vend aux échevins, au prix de IIIIxx VI l. II s., trois serpentines, les deux affustées, et l'autre sans affust, pesant celle sans bos V c. XXIIII l., et les deux autres, déduit le bos, IIII c. XXXVI l.

En 1470, les échevins envoyaient vers le duc, à Hesdin, à l'effet d'obtenir pour la ville douzes serpentines, ou autre tel nombre qu'il lui plairoit. Ils n'obtinrent, toutefois, du prince que deux serpentines et ung *veughelaire.*

L'année suivante, Gilles de Brabant faisait payer XXXII l. trois serpentines de fer, les deux garnies de chincq chambres, et la III.ᵉ sans cambre, avec *un petit morsier* (mortier) *de ceuvre*, et aultre menue artillerie.

(1) Les paletots accordés aux coulevriniers, en 1499, sont brodés par Jehan de Laouste.
(2) Voyez nos artistes, pp. 215-216; les *Ann. arch.* de M. Didron, *passim*; *mélanges historiques* par M. Champollion-Figeac, t. IV, pp. 320-345; *Bulletin de la Société de l'Histoire de France*, septembre-octobre 1846, pp. 349-350; — *Bulletin des Sociétés Savantes*, fév. 1851, pp. 46-47.

De son côté, le canonnier du chastel de Lille, maistre Guillaume, obtenait V l. VI s. prix des deux chambres de cette dernière serpentine, du poids de IIIIxx IIII l. (1), à XVIII d. la liv., y comprins la fachon de l'embouchure d'icelle serpentine. Quant à maistre Jehan de Malines, fondeur et ouvrier de serpentines, à Bruxelles, il n'en cédait quatre autres de cuivre (deux grandes et deux petites), du poids de XVI c. XXX l., qu'au prix de II c. IIIIxx l. VII s., bien que les échevins lui eussent livré IIII c. LXII l. de cuivre.

On employait pour les pièces d'artillerie *des clefs à quarsure*; car, en 1471, deux de ces dernières pesant vingt livres, et destinées à ung *veughellaire* et à une serpentine, sont payées XXII s.

Les huit serpentines que le charron Jehan de Bauvin avait établies (1475) sur des affûts à deux roues, avaient coûté XX l. chacune. Les fers d'aissil, les crestes des roues, les vireulles, les hurtoirs de ces machines sont aussi mentionnés, ainsi que le pinchelet, les deux crampons et la queville pour lez ahanesure devant led. baston, les deux armons et le plat escamel. En 1479, Luc Lucqs, carlier (charron), refaisait IX aissilz *aux serpentines volans*. Longtemps après (1487), il exigeait C s. pour deux paires de *haultes reues affustées dedens les aissilz*, à deux serpentines de cuivre (2). Pour *les haultes reues bastardes* (1489) et les grosses roues *des bombardelles*, il demandait le même prix.

Les bombardes et les bombardelles étaient, il est vrai, encore en usage à la fin du XV.ᵉ siècle, puisque, en 1476, deux sous sont accordés à ceulx qui ont rapporté une pierre de gries tirée aux champs d'une bombarde, assayé et esprouvée au dehors de le porte Saint-Sauveur. En 1489, l'argentier a grand soin de mentionner le bombardier Georges Boucquier, aussi bien que *la bombardelle*, les serpentines et *les courtaux* envoyés au chastel d'Estaimbourg, avec *des joueurs de gros bastons*.

L'arsenal de Lille possédait, en effet, (1476) des *courtaux*, nommés aussi, assez souvent, *gros bastons* (3); car le comptable nous parle de leurs *estriers*, de leurs *apoyelles*, etc. Il nous apprend ailleurs (1479) qu'il fallait III c. XXXVI l. de fer (à II s. la liv.) pour les ferrures de deux de ces engins.

Les serpentines, dont nous venons de parler, avaient également des *appoyelles*, des *clefz*, des *hocques*. Les *clefs des quevilles et des chambres sont aussi mentionnées, ainsi que les cleucques*.

En effet, en 1478, Jehan de le Barre exige L s., pour avoir remis à point *ung baston fondich* mis sur les murs d'entre Rihoult et le tour à l'angle, y fait cincq nouvelles loyures fremant à quevilles, une clef pour fremer le chambre, etc. N'oublions pas de dire que le *fer d'Espagne*, qui coûtait de LIIII à LVIII s. le cent de livres, était alors fort estimé.

Pour fixer *le cent de l'affût d'un gros courtau*, il fallait une bande de fer de trois pieds de long.

---

(1) En 1476, les deux chambres d'une grosse serpentine de fer pes. IIII c. IIIIxx XVII l.
(2) Pour les charges des serpentines on faisait usage de futs de demi lances.
(3) Leurs roues coûtaient LXX s. la paire; celles de serpentines et de *veughelaires* XL s.

Quoique *les ribaudequins* (1) fussent depuis fort longtemps en usage, ce n'est que, vers 1476, que nous les voyons figurer parmi l'artillerie lilloise. A cette date, Druet de Navers en relie de noef XXII qu'il avait mis jus de leurs affûtz; Pierart du Molin, féronnier, en place neuf sur de nouveaux aff is : alors même que quatorze autres sont fixés sur nouveaulx bos, et qu'on fait à un quinzième nouvelles embouchures pour servir cambres. De son côté, Phelippart de Hennin, aussi sèvre, demandait XIII l. X s., pour avoir mis jus *troix tables de ribaudequins*, *chescune table portant troix bastons*, et iceulx avoir remis et reloyé sur nouveau bos, à raison de XXX s. pour chacun de ces neuf bastons.

N'oublions pas que les boulets de grès de ces engins valaient quatre liv. le cent.

Les embouchures des pièces d'artillerie étaient souvent, il est vrai, modifiées suivant les chambres auxquelles on les adaptait; ainsi l'argentier nous dit que Jehan de le Barre a rengrangié l'embouchure d'un canon, pour faire servir une plus grande cambre. Il porte également en dépense les VI s. à lui alloués, pour avoir fait servir une cambre à une petite serpentine et fait une virculle à l'embouchure. Ailleurs, il nous apprend que le bombardier Jehan Lanssicl a rappointié deux chambres pour servir à ung gros baston, dont les lumières estoient au milieu des dittes chambres.

En 1487, on mentionne les deux mollettes, à chescune deux platinnes, d'*ung faugon* (faucon).

Deux ans après, nous voyons figurer parmi l'artillerie lilloise *des tumeriels*. A cette époque, en effet, Jehan Roussel, charpentier sermenté de la ville, reffait ung affust à *ung rouge tumeriel de fer*. En 1492, ung assil pour *ung thumeriel* emprès la porte de Five coûte VIII s., et la paire de roues placées soubz cet engien revient à L s.

C'est, en 1471, comme nous venons de le voir, que nous trouvons les mortiers mentionnés pour la première fois. Cette même année, l'argentier nous parle d'*une voiture de morsiers* menés à la Noble-Tour. En 1478, XXXII s. sont alloués aux bombardiers de Ms. le duc (l'archi- duc) et de la ville, pour eulx tenir en récréasion ensemble, aprez qu'ilz eurent esprouvé *ung mortier* appartenant à la ville; tandis qu'on en accorde VIII à ung compaignon *quy desfouy hors de terre et rapporta deux grosses pierres de grès, dont l'en avoit fait par deux fois la ditte espreuve.*

Longtemps après, Jaques Desmarcs faisait payer IIIIxx l. *la bombarde*

---

(1) Velly, qui cite Monstrelet, dit que ceux qui furent employés au siége de Ham en Vermandois (1411), étaient des couleuvrines de fer, de la grosseur à peu près de nos pièces de campagne modernes, posées sur deux roues. (*Hist. de France*, t. XIII, p 174.) —Selon Furetière (Dict. au mot ribadoquin), ce mot a été imité de *ribaudeau*, qu'on trouve dans Froissart, qui étaient des brouettes hautes, bandées de fer à la pointe, qu'on menait autrefois dans les armées, à cause que ces sortes de canons étaient portés sur de semblables charettes. — Voy. aussi Ducange, *Gloss.* au mot *ribaudeau*. — Le *ribaude- quin* (Furetière), *ribaudequien* (Roquefort), était un petit chariot ou machine de guerre en forme d'arc de douze à quinze pieds de long, arrêté sur un arbre large d'un pied, dans lequel était creusé un canal, pour y mettre un javelot de cinq à six pieds de long, ferré et empenné, et fait quelquefois de corne; on le dressait sur les murailles des villes, et par le moyen d'un tour, les javelots étaient poussés avec tant de force qu'il n'en fallait qu'un pour tuer quatre hommes à la fois.

et le mortier (toujours écrit *morsier*) qu'il livrait à la ville, et l'on accordait, comme jadis, VI s. aux compaignons *qui allèrent quérir et rapportèrent les quatre pieres, tant de lad. bombarde comme du morsier, qui furent jettés en faisant l'assay d'iceulx hors de la porte Saint-Sauveur*, non compris la somme assez forte payée pour le souper des bombardiers, et aux compaignons, au nombre de vingt, qui furent aidans et assistans à mectre à point et jetter lesd. bastons.

Les archives de Saint-Quentin et de Béthune nous ont déjà fait connaître les peintures dont les canons étaient ornés (1). Le même usage existait à Lille, puisque le peintre Rollant Le Roy obtenait XX l. (1400), *pour avoir verny les engiens, tant veughelaires, gros engiens, comme culevrines.* Un autre qui, en 1465, avait besoigné à *enseignier de certaines lettres les canons et veughelaires*, exigeait XXXVI s.

A Jehan des Bones, peintre, qui avait paint (1471) trois serpentines et les sept chambres servans à icelles, on allouait XXIIII s.; tandis que son confrère Jehan Pillot recevait LXXII s., *pour avoir imprimé couleur à olle et point, aux armes de la ville, noef serpentines, et ce de fin vermeillon à olle, et vernit, et, sur chescune, fait le fin blancq une fleur de lys.*

Observons que Pasquier Le Cat, sèvre, *avait gravé sur leurs affûts la même marcque.*

Longtemps après (1478), Baltazart Dupire ornait des mêmes armoiries *un gros veughelaire.*

Les couleuvrines et les arquebuses étaient aussi peintes, puisque le même artiste obtenait (1483) XII s., *pour avoir paint de coulleur vermeil deux haquebutes et deux cullevrines achetées* LXI s. à l'inventaire de Grard de Hocron, jadis bailli de Lille.

Pour garantir *les lumières* des machines de guerre, on faisait usage de *nocquelières*, du prix de II s. En 1478, toutefois, quinze *nocquetz*, ayant le même usage, sont payés IIII s. VI d. chacun. On se servait aussi de bendes de fer. En 1487, on n'obtient *les fors locques, à clefs forées et à boulons*, que moyennant VI s. et *les clefs à frumer les lumières*, reviennent à XVIII d. chacune (2). L'argentier signale aussi *les deux nocquières à bende, pour couvrir les lumières de deux engiens, et les deux fors nocques, pour fremer lesd. bendes*, payés XXVIII s. Nous voyons ailleurs que ces bandes, maintenues par des crampons, avaient deux pieds de long pour les grands engins.

La haute réputation que s'étaient acquise les habiles tailleurs de grès de Béthune (3), engageait les échevins à s'adresser à eux pour *les rondes pierres de canon*, qu'ils désiraient faire tailler, vu surtout que la ville en estoit petitement garnie.

Lolieur, échevin, qui fut envoyé à cet effet dans cette ville (1414), dut faire façonner le millier qu'il y commanda *de la grosseur de trois traux rons, à compas, qu'un escringnier avait pratiqués dans une aisselle de danemarche, de la grandeur que on voloit avoir les dites pierres.* Jehan Malaquin, autre tailleur de grès de Béthune, en fournissait aussi VIII c.

---

(1) Voy. le *Bulletin du comité des Arts et Monuments*, t. IV, pp. 166-369.
(2) Une clef de fer, de piet et demy de long, pes. VII., pour une serpentine.
(3) Voyez *Nos artistes*, p. 111.

IIIIxx, à VIII l. febles lo cent, et CXXXIX autres, do menre sorte, à IIII l. febles le cent. Quant au maçon Jehan Warnier, il faisait payer XLIX l. VII s. febles les III c. XXIX *pierres rondes, tant grosses comme petites, pour les canons et veuglares*, qu'on lui avait commandées. En 1410, Nicaise Cambier livre VIII c. LXII *pierres rondes pour traire de veuglares*, à VI l. X s. le cent (1). On se procure aussi un grand nombre de *rondes pierres d'Escaursures*, dites aussi *d'Escaursures* (pierres d'Escossine), à raison de VI l. le cent.

Les pierres d'Escossine avaient acquis une grande réputation, en 1478, car nous voyons qu'à cette époque Pierre Baillet, tailleur de pierre, obtenait L l. par chaque millier de pierre d'Escossine pour servir *aux petits veughelaires*, à cent sous le cent, et exigeait V s. pour chacun de ces mêmes boulets ayant XIIII pouces de tour, et III s. pour ceux qui n'en avaient que onze. Quant aux vingt-cinq autres, de XXVIII pouces de tour, pour servir à trois ou quatre gros bastons, il les faisait payer VIII l. XV s.

Pour remédier à la légèreté des boulets de grès on les recouvrait de plomb, puisque Jehan Renier, potier d'étain, réclame le prix de celui qu'il a livré, pour feurer pluiseurs bourles de pierre qui estoient trop légières.

En 1487, les registres nous révèlent une autre invention, qui consistait à *recouvrir de plomb des esclas de grès, que l'on nommait pieres farsies de ploncq* (2). En 1491, on parle d'un manouvrier occupé durant trois jours (à V s. le jour) à *copper ploncq, et à livrer esclas de grès pour farsir une sorte de plommés*. Observons que pour II m. IIIIxx XVII l. de plommés, il fallait VIxx VII l. de pieres.

Nous voyons que, en 1414, IIII c. X grands plommés de plomb servans as canons gettans plommés, pesaient IIII c. XXVI l., et coûtaient XII d. la livre; que, en 1443, les plommés d'une livre et demie valaient deux sous; les moyens plommés, deux deniers, et les petits, un denier. En 1405, les plommés de serpentines, culevrines et *crappaudiaulx* sont mentionnés. Ceux de serpentines, de hacquebuttes et cullevrines reviennent à XII d. la livre, en 1476. Ils variaient, au reste, à l'infini, car, en 1489, l'argentier, après avoir parlé des plommés des bastons, des serpentines et *hacquebuttes à quevallet*, porte en compte XXVIII douzaines d'autres sortes de plommés de hacquebuttes à main. En 1492, il faut III c. V l. de plomb pour faire VII c. XV plommés d'hacquebuttes à main.

En 1478, Bertran Tournemine faisait payer XX s. un moule en cuivre servant à faire plommés *aux rouges serpentines*; tandis que Hubert de Millens exigeait IIII l. XVI s. pour un autre molle servant à jetter plombés à ung gros baston. D'autres moules coûtent VI s. On parle aussi *des hunelles* servant à faire plommés.

On faisait aussi usage de moules en pierre, car, en 1480, l'ouvrier

(1) En 1476, les bourles de grès pour *veughelaires et autres bastons* ne valent plus que IIII l. le cent. — En 1480, les bourles de grès sont payées XXX s. le cent. — *Bourlettes* de plomb et de pierre.

(2) M. de Saulcy regarde cette innovation comme remarquable. (*Bulletin des Sociétés savantes*, fév. 1854, p. 48). — Voy. aussi le *Bulletin du Comité de la langue*, an. 1853-54, t. II, p. 139.

qui fait un moule *de francque pierre*, pour jetter plombés servans à une longhe serpentine de fer, exige huit sous pour la façon seulement.

Ces plombés étaient ensuite soumis à la lime, puisque les registres mentionnent *la ruffle qui servait à les limer*.

En 1404, les tampons pour traire pierres de canons sont payés XXV s. le cent; alors que, en 1475, ils ne coûtent plus que XVI s. VIII d., et que ceux de serpentines reviennent à XVI s. le cent, en 1479, ceux de *courtaux*, à XXXII s. En 1489, ils ne valent plus que VIII s. le cent.

En 1414, des Godaux exige X l. XVIII s. pour XXIIII *martiaux de fer acherés servans à cachier tampons au querquier les veuglares et canons;* tandis qu'il fait payer deux sous six deniers chacun des XLVIII *grannins* qu'il fournit (un charpentier fait plusieurs *garins* pour les canons), et que ceux destinés aux engiens gettans plommés ne coûtent que deux sous.

Disons ici que *les soufflets* étaient attachés aux engins au moyen de dix chevilles à tête, de huit à dix pouces. En 1493, celui d'une grosse serpentine, pesant neuf livres, est fixé par une queville à euche. N'oublions pas les XXIIII soufflétz ferrés, du prix de VI s. pièce, fournis par Micquiel de Renty, ouvrier de taillant.

L'année 1482 doit être chère aux canonniers lillois, puisque d'elle date la confirmation de leurs privilèges. Nous lisons effectivement dans le registro aux délibérations *du magistrat* les deux pièces curieuses que voici:

« XI mai. Sur la requeste faite à eschevins de Lille par les compaignons
« canonniers, sermentez à lad. ville, affin d'avoir entretenement et rete-
« nue à le discrétion desd. eschevins, comme ilz avoient aultres fois,
« en offrant de bien en mieulx continuer au service de lad. ville, et
« attendu qu'ilz en délaissoient à faire leurs labeurs, iceulx eschevins,
« conseil et huit hommes délibérèrent et conclurent de donner ausd.
« compaignons, à chescun d'iceulx LX s. monn. de Flandres, pour
« aucunement eulx entretenir au service de lad. ville, jusques au jour
« de la Toussains prochains venant. Et se fut avecq ce conclu de donner
« ausd. compaignons canonniers, qui sont en nombre de.... personnes,
« à chescun d'iceulx ung paletot de la parure d'icelle ville, à le cherge
« et des deniers d'icelle, pour les vestir à le procession de lad. ville
« prochain venant.

La seconde pièce nous fait connaître que, « Le 22 juillet, sur la
« requeste faite à eschevins par les canonniers et culeuvriniers de lad.
« ville, afin qu'il pleust ausd. eschevins mettre sus une confrarie desd.
« canonniers et culeuvriniers, et leur baillier ordonnances et previléges,
« à ce propos lesd. eschevins, conseil et huyt hommes, à délibéracion
« de conseil, après qu'ils heurent veu et vizité certaines ordonnances
« des villes de Valenchiennes et de Douay, touchant semblables confrairies,
« conclurent et délibérèrent de obtenir de Ms. le duc congié et aucto-
« rité de mettre sus lad. confrarie, et, en ensieuvant ce, et lad. congié
« et auctorité obtenu, mettre icelle confrarie sus de certain nombre
« desd. canonniers et culeuvriniers, tel que on verra que faire se devera,
« et de gens utiles et propises, *sachans jouer de leurs bastons,* en leur
« baillant ordonnance et previléges, avec les gratuitez, selon celle qui a
« esté envoyé par ceulx de lad. ville de Douay. »

C'est en 1475 que les *hacquebustes* (1) se trouvent mentionnées pour la première fois; car l'argentier porte alors en dépense les XVI s. accordés aux compaignons canonniers, qui essaient plusieurs serpentines et *hacquebustes* sur la muraille de la ville; puis, la même somme donnée à Jehan de le Barre, febvre, qui avait ferré les lumières de deux *hacquebusches*, remis une manche à une troisième, et nettoyé les lumières de vingt-cinq autres. Quant à *leurs escampes*, elles coûtaient XVIII d. chacune. De le Barre venait de fournir aussi une autre arquebuse de fer, au prix de IIII l. XVI s. En 1478, deux autres *hacquebusses* de fer ne coûtent plus que LX s. et C s., en 1489. En 1491, les cinquante que fournit Jehan de Cuppre, M.° fèvre à Malines, sont payées deux cents livres (2).

N'oublions pas les grands et les petits entonnoirs payés, les premiers III s. VI d., les seconds, VI d.; les querques grandes, moyennes et petites, variant de II s. VI d. à IIII d., tous employés pour servir de pouldres les serpentines, hacquebuisses et cullevrines.

Pour ces chargeoirs on faisait usage de perches de fresne, à XII d.

Désireux de perfectionner leurs arquebuses, les échevins remettaient LXXII s. à Jehan le Fèvre, pour le fachon d'une belle et grosse *hacquebuche* qu'ils lui avaient fait faire des estoffes de la ville, par manière d'assay.

En 1478, l'argentier signale trois grosses *hacquebusses* et une petite, pesant ensemble CXXVII l.

Pour ces grosses arquebuses, fixées sur des chevalets, il fallait des arrests et des hurtoirs, munis d'estriers, pesant jusqu'à XV l., pour les clauwer à l'affût. On parle aussi des vireulles de ces affûts.

En 1485, l'argentier signale *ung instrument de petites hacquebutes, à trois quarés que l'on appelle une orghes* (3), acheté (ainsi que trois serpentines de cuivre) à Ms. Despierre, capitaine du château, moyennant III c. l.

Dès 1476, les arquebusiers étaient nombreux; car nous voyons que Lille en demande un certain nombre, aussi bien que des cullevriniers, pourtant que nouvelles estoient que le roy (Louis XI) et sa puissance avoient intention de mettre le siège devant ceste ville, ou devant Douay. Cette même année, il est vrai, Guillaume de Libersart fournissait aux échevins IIII** *hacquebutes* et cullevrines, au prix de XXV s. chaque, et l'on accordait XXIIII s., comme courtoisie, à plusieurs compaignons qui avoient esprouvé les grosses serpentines et plusieurs autres bastons de trayt à pouldre estans autour de la ville, en bien grand nombre. Quelque temps après, le conseiller pensionnaire, que les échevins avaient envoyé vers la duchesse et son conseil, à l'effet d'en obtenir, pour la garde et défense de la ville, certain nombre de *hacquebussiers* et cullévriniers, mandait à ces magistrats que, du consentement de la loi de Malines, il

(1) Toutefois, il avait esté conclud, l'année précédente, de faire chescun an, pour la seureté de la ville, VI arbalestres et autant de *haquebusches*.

(2) Sans doute les mêmes que les XLI qui sont signalées l'année suivante, et qui pesaient XVIII c. liv.

(3) M. de Saulcy le nomme *machine infernale à trois canons*. (*Bulletin des Sociétés savantes*, fév. 1854, p. 48).

avait retenu dans cette cité de XII à XVI *hacquebuissiers* et cullevriniers, *bons jueurs*, pour venir à leur service, à raison de VIII s. par jour chescun.

Le tilleul était presque toujours employé pour faire carbon pour faire porre de canons. Quatre pièces de tilloel achetées à cet effet, coûtent XVI s. En 1414, on parle du tilloel que l'on a pelé et faudé, et dont on a fait *carbon de emure ou esmeure*. En 1476, un ouvrier de carbon de *faux* demande VIII l., pour avoir cuit ung millier de faissiel de thilleul *en carbon d'archon*, pour faire pouldres.

En 1453, Graid as Clocquettes, ouvrier à faire pouldres, *reboulit le salpêtre qui était maurais, et oste le sel hors du souffre*. En 1476, le salpêtre crut coûte XX s. de gros le cent de livres, et une grande caudière pour l'affiner revient à IX l.

En 1406, *II cayers de pappier* à mettre pourre pour les canons, sont payés VI s., et Pierre Demileville, qui en avait fait IIII^{xx} III *saquiaulx*, reçoit VIII s. En 1411, il demande LXXI l. XVI s. fors, pour avoir fait de nouvel et ordonné III c. LIX l. de pourre de canons. Observons que les LVIII l. de soufre, jugées nécessaires, reviennent, à raison de deux sous quatre deniers la livre, à VI l. XV s. IIII d. febles.

Comme dans d'autres localités, la pouldre était souvent conservée dans les églises (1). Ainsi, nous voyons qu'on avait déposé dans la chapelle de N.-D. *des Ardans* celle qu'Yolens (1412) avait réparet, de laquelle on ne se eust peut aidier, se besoing eust esté; et que elle estoit toute fresque et amonchelée ensamble; et que, en 1414, les pourres de canons se trouvaient dans celle des *manestrelx*. La poudre (2) était renfermée dans des tonneaux de sapin, à douze sous chaque, ou d'*ambours*, à six sous.

Les poires à pouldre étaient en usage au XVe siècle, car nous voyons que la poire d'argent à mettre pouldre, que l'on offrait comme présent de nôces (1460) à Me Guillaume Dommessent, secrétaire du duc de Bourgogne, avait coûté XXXI l. X s. (Elle pesait XV onces).

Nous laisserons aux savants le soin de décider si *le feu subtil*, que mentionne le document suivant, était le même que le feu grégeois : 1465, à ung nommé Nicaise Bourgoix, canonnier, lequel, par le consentement des eschevins et mesmes à leur requeste, leur avait montré et de fait par devant eulx *jecté deux lanches de feu subtil*, affin de savoir se ladite manière de faire seroit propice pour le garde de lad. ville en fait de gherre, IIII l. XII s.

Il paraîtrait, toutefois, que certains procédés de fabrication étaient consignés dans des livres précieusement conservés, puisque les échevins donnaient, en 1479, IV s. à Elyot de Noyelle, *pour le coppie d'un livret où estoit contenu la recepte de faire pouldre de culevrines, de serpentines et de bombardes, et aussi le manière de faire feu grégois* (3).

(1) Voyez le *Bulletin du Comité des Arts et Monuments*, t. IV, p. 163.
(2) Poudre de serpentine (1479), à V s. IX d. la livre; poudre de canon, à VI s.
(3) Dans le mystère intitulé : *Le Poste du Monde*. (Manus. du XVe, N.º 625 de la bibl. d'Arras), Lucifer dit à ses suppôts, au moment où il apprend la mort de J.-C.

Aux portes soyez-bien gaictans :	Qui ne soit furnis et pourveus
Qu'il n'y ait fenestres ou pertuis,	De culurines et de canons.

Comme dans le siècle précédent, les serpentines, les couleuvrines et les arquebuses sont en usage. Ainsi, en 1507, M.ᵉ Hans de Pauperutre, ouvrier de serpentines, à Malines, outre une belle serpentine de cuivre, du poids de XIC. VIII l. (1), livre à la ville XX hacquebustes, aussi de cuivre, en ce non compris les affûts, pour chacun desquels il exigo huit sous, puis XXVIII autres hacquebustes de fer. A son confrère, M.ᵉ Jean le Cuppre, on en commande pareil nombre, qui doivent peser IXC. XXVII l., àIIII l. XV s. le cent de livres, et dont les affûts coûteront VIIs. chaque. Nous voyons ailleurs que les arquebuses pezoient vingt six livres.

Douai préludait déjà à la haute réputation que lui réservait l'avenir, puisque, en 1512, on donnait XII s. en courtoisie au fils du fondeur de l'artillerie de cette ville, auquel on avait fait voir aucunes serpentines de cuivre, à l'effet de savoir quelle chose il voldroit avoir pour en faire semblables.

A cet habile fondeur de serpentines et de culevrines, qui se nommait Massin Chevalier, on accordait II c. XLIII l. XVI s. IX d., pour avoir fait une serpentine de métal pes. IX c. LX l., et deux hacquebutes de semblable estoffe, pes. LVI l. ; puis, l'année suivante, IIII₁₁ VIII l. XVI s., pour six grandes et longhes hacquebustes de keuivre, pes. III c. LX l., et six affûts de bois, et, enfin, III c. LXI l. IIII s., pour une serpentine de métal, de XV c. V l. (2).

Cette pièce d'artillerie, nommée *la serpentine de Douay*, fut établie sur deux roes, grandes et puissantes, du prix de LXVI s. Il fallut en outre *ung achy à esquignet*, de XII s.

Cette même année, Thomas Chevalier livrait encore une autre ser-

Et se de la pourre n'avons,
Prendés sorcières et sorciers
Faulx convoiteux, faulx usuriers,
Larrons, murdreux, faulx advocas,
Qui, contre droit et par nefas,
Ont acquis céans l'éritaige;
Prendés, mettés les au potage :
Car de tels gens est bien raison,
C'on face pourre de cahon.
Prendez l'avoir des convoiteux,
Fondés le, faites ent cailleux,
Pour cravanter Dieu et ses gens.
C'est raison que de telz argens,
Gáraissons très-bien no infer :
Car oncques ne voulrent donner
Une aulmosne as poures gens,
Tant fussent nudz et indigents.
Prendés cros, heuves, tatiffes,
Et plussieurs aultres afficques,
Dont les femmes se vont parant,
Faictes ent feu cler et ardant,
Et le composés à de goix,

Tant que se soit fin feu grégois;
Car de telz choses qu'ay nommez
Aront les paupières bruslées,
Dieu et ses gens, s'ilz viennent cy.

Faictes du barnai des gens d'armes,
Pour voz bacines et heaulmes,
Et les faulx pillars et larrons
Rotissiez les sur les charbons,
Et en prendés grans carbonnées,
De fin souffre bien assausées.

Raguissiez trestous vos gravnes;
Faictes que tantos soies prés ;
Alez assir guet aux crestiaux;
Esraillies voz yeulx, vos muziaux ;
Ne dormez pas, braiez, urlez;
Faictes bon devoir à tous lez;
N'en faindés pas, gardez-vous ent,
La chose touche grandement,
Faites devoir sans plus parler.
(Fol. CCXVIII, r.ᵉ et v.ᵉ)

(1) Un moulle de cuivre à faire plommées pour cet engin, coûte XXXVI s.
(2) En 1521, furent tirées et essayées vingt-huit pièces de grosse artillerie que la ville de Paris avait fait faire à ses dépens. (Journal d'un bourgeois de Paris, p. 205).

pentine de cuivre, de la longheur de dix pies, pes. jusques à XII c. L.,
et six hacquebusses, aussy de cuivre, pes. chacune L l.

En 1534, on fait fondre VI veughelaires et petites serpentines, de II à
III c. L, le pieche, pour mectre sur roes. Celle que le serrurier Marcq
Florens avait fournie, en 1524, (moyennant LIIII l.) avait aussi dix pieds
de long. En 1528, il avait reçu LXXII s., pour avoir rapointié quatre
serpentines, les recuire, redrechier et nettoyer, parmy les huyt chambres,
et, pour avoir refait les lumières. VI l. lui sont encore allouées, pour
en avoir reloyé quatre autres sur nouveau afust, et avoir refait les loyens,
IIII *hurts* (1) et les VIII crettes de noef fer.

Ce fut aussi, en 1534, que le fondeur Adrien Lescringnier s'engagea
à livrer à la ville VI pieches d'artillerie, nommées *veughelerres*, pes.
XV c. IX l. Quant à Victor Rohart, il obtenait VI l., pour avoir fait
faire *une fourme, pour sur icelle faire ces VI veughelerres de fonte*, et pour
avoir esté querre les ouvriers à Tournay, depuis esté à les voir fondre,
et visité s'ilz estoient droicturiers, dont il a esté cause que l'une des
pieches, qui estoit crouvé, a esté refondue.

Ces accidens étaient alors des plus fréquents. Ainsi, en 1519, Andrieu
Hendebert (2), fondeur de clocques et serpentines, demande XIX l.,
pour avoir rapointié et rentesté une des serpentines de la ville, qui
avoit esté rompue et fendue en la déchargeant.

En 1535, les échevins s'adressaient encore à Marcq Florens, febvre
et orlogeur de la ville, et lui accordaient LIX l. VIII s., pour avoir
ferré les six serpentines de keuvre faites à Tournay : Assavoir, ferré
chescune serpentine une escripne à verin, faict les palettes, les lumières,
portelettes et *lucreulles*, avecq ung gros verrin fait à cul de lampe et
anneau à le tourner et destourner, pour chescun baston VI l. XVIII s.,
sont XLI l. VIII s., et pour les avoir ferrées et les monter sur les affusts
(3) et sur les roes, de XXIIII quevilles et XXIIII plates, pour les torillons
XXIIII clefz et les flottes, pour le fachon de chescun baston XL s., sont
XII l.; et, pour avoir livré XII hanetz pour mettre les querquoirs, et
douze grans hanetz pour les carier, et VI anneaux à le keuwe des affusts,
et les culletz clauwez, et, pour avoir faict VI nocquières et XII crampons
pour ouvrir (couvrir) les lumières, à XX s. chescun baston, VI l., sont
les LIX l. VIII s.

L'année suivante, il recevait LX s., *pour avoir foré à une autre pièce
d'artillerie ung escrure*, afin d'y faire servir ung verin à cul de lampe, et
pour avoir livré *une palette pour mettre l'amorse*, une lumière, *une lu-
creulle pour prendre le visée*, et une poinct de keuvre, etc.

L'étain était aussi employé pour les serpentines; car l'argentier déclare
qu'il a remis LXXII l. XII s. à Martin de le Goutière, estanier, pour II c.
XLII l. d'estain (à VI s. la liv.) à convertir en plusieurs serpentines de

---

(1) Quevilles, cuignés, maillés, flottes, hurts et autres ferrailles servans à deux bastons
de keuvre. — Deux caucques à deux bastons VI s.

(2) Sans doute de la même famille que Simon Haudebert, fondeur à Arras, et Jacques
Audebert, *maire des mareschaulx*, à Noyon. (Voy. nos artistes, p. 105, et nos rech., p.
118). — En 1558, Haudebert demande XLIIII s. pour avoir percé une nouvelle lumière
à ung gros baston.

(3) En 1571, il fallait XII doubles clefs et VI flottes pour un affût.

keuvre; un caudrelier livre aussi, moyennant V c. X l. XIIII s. III d., III m. VI c. XLVIII l. de métail (à XIIII l. le cent de liv.), pour faire deux serpentines, et un estamier CLVII l. d'estain. Pour deux autres serpentines de fonte, il faut VI c. XIIII l. de métail, à XV l. le cent de liv.

Le charron demandait IIII l. pour une paire de grandes roues de serpentine (1565, la paire de roues de petite artillerie coûte LXX s.), faisait payer XII s. chaque achis, et XXXVI s. la paire de limons à mener lesd. bastons. Les crestes des roues revenaient à VI s. pièce; d'autres à XVI s. (1554). En 1501, *une crette à zermon* est payée XV s. (Crettes mises devant et derrière aux achis des roues). En 1537, les roues de devant destinées à la nouvelle artillerie, coûtent XII l. la paire. On parle aussi de copons de croutas mis desoubz les roes des serpentines et des doubles clefs des achis (1).

En 1565, Lamen, maréchal, fait payer X s. chaque platte des esquinons; II s. chaque braban mis aux boultz des plattes, et demande X s. pour XVIII oirs. En 1582, les boittes de fer pour le moieu des roes revenaient à XXX s. chaque. (Daces pour les roues avec petites clefs).

On voit ailleurs qu'il fallait cent IIII** VII l. de fer, à XVIII d. la livre, pour serrer deux reuwes; LIX s. pour leurs six crettes: les baples de leurs bendes, les esquignons, brebans, euces et hurtoirs sont aussi mentionnés. (Grandes haples à VII s.).

En 1580, il fallait trois chevaux pour une pièce d'artillerie, et quatre pour une grosse pièce. La plupart des chariots étaient aussi attelés de quatre chevaux, comme le constate ce document, précieux pour l'histoire de la Ligue: 1592, A Noël Brousport et Pierre Lestin, chartiers, pour avecq chariot et quatre chevaulx, avoir, par charge de mess., conduict *l'argent que envoioit Sa Saincteté en Franche, pour les soldatz que entretient illecq,* XL l.

Les chevaux que *le magistrat* était forcé de fournir pour le charroi de Sa Majesté, *étaient marqués d'une fleur de lis.* Ainsi, XL s. sont alloués à Jehan Le Leu, pour avoir faict une fleur de lis à manche, *pour marquer et ensaingner les chevaulx retenus pour la descherge de la ville aux chariolz retenuz pour le service de Sa Majesté en la présente gherre.* En 1575, Le Leu faisoit payer VI s. une autre fleur de lis, *pour marquer les billets des soldats.*

Les canons à *cremaillière* (2) sont encore en vogue, puisque une queville à kayne pour *le cremillie* d'un engien coûte (1514) IIII s. En 1516, il faut deux fors estriers, ung fort cappel et *une double cremillie* pour le nouvel ablocq (harnas et ablocqs) de l'engien à tirer l'oiselet, pesant, parmy les claux et crampons, LVIII l., à II s. la liv. Les manches des chambres sont aussi mentionnés, aussi bien que les deux chambres d'ung engien de VII piez de cache.

(1). En 1596, Arthus Van Buscon, maréchal, obtient LXIII s., pour avoir livré *ung nœuf canon à buron*, pes. XIIII l., et CXVII s., pour avoir livré encoires *ung nœuf kanon au kanon*, pes. XXVI l.; X s., pour avoir embattu led. achy, et, enfin, XXIIII s., pour une platte aud. achy. L'année suivante, *deux paires de kanons pour les kanons*, du poids de LXXI l., sont payées VI l. XIIII s. On mentionne aussi *deux' bandes nœufves avecq les claux pour le canon d'une paire de roeulles,* pes. ensamble LIII l.

(2) Pour cent XXXII l. de fer, tant *de crémillie que autres ferailles*.

En 1528, Marcq Florens obtient, d'abord LX s., pour avoir refait et remonté le serpentine de Gueldres sur nouveau afust, et avoir reforgié les VIII estriers, les reloyé, et rapointié les quevilles de l'escuchon; puis XXXVIII l. VI s. VI d., pour avoir livré le mestre estrier du *hurt*, une nouvelle *cremilie*, six quevilles, clefs et flottes (1), et les plattes (2) pour garnir l'afust contre les chambres, et avoir livré le grant cuignet, pes. le tout ensemble III c. XIIII l., à II s. III d. la livre. En 1554, deux *cramelies* nouvelles pour les serpentines mises sur rocs, reviennent à XXX s., et les XVII chaînettes, quevilles et crampons, qui les maintiennent, coûtent XL s. Quant aux LXXII hanes de fer qui tiennent leurs charges, ils sont payés LXXIIII s. En 1505, six *cramillies* servans aux affus (3), pes. LIII l., coûtent VII l. XIX s., et leurs cinq chaînes, quevilles et crampons reviennent à XL s. En 1569, IIII *cramelies* pour les affus d'artillerie pesaient XLIIII l.; les trois clefs et les trois flottes par-dessus lesd. *cramelies* coûtaient VIII s. En 1572, II *cramillières, pour haulchier et avaller l'artillerie*, sont payées XXIIII s., et IIII *cramilleries* nouvelles, et XII grosses quevilles de fer, pesant ensemble IIII×× XVII l., reviennent à XII l. II s. VI d. En 1578, les cincq petites chaînes et les chevilles et crampons y pendans (4), servans *aux cramilleries* de l'artillerie, sont encore mentionnés (5).

En 1581, le comptable nous parle *d'ung bariet à torillon; de deux grands barreaux pour mettre sur les tourillons; de deux fortes bendes pour mettre par-dessus les tourillons.* En 1596, il mentionne les cinq quevilles, les deux hurtois et *les deux plats bareaux pour mettre sur les tourrillons.*

Les *thummerels* figurent encore dans l'arsenal de la ville de Lille, car l'argentier nous apprend (1514) qu'il a remis L s. à Oultrekin Luc, carlier, pour une paire de roes bastardes destinée à une pieche d'artillerie, que on dist *ung thummerel;* puis, VI s., pour ung acil servant aud. *tummerel,* et, L s., enfin, prix d'une autre paire de roues adoptée à un autre *tummerel* et ung achy, aussi de VI s. En 1528, Marcq Florens exige XXX s., pour les quatre bendes du torillon d'ung *tummereau,* dont il avait ralongié quatre quevilles, et, pour avoir livré quatre clefs et quatre flottes; puis, XL s., pour en avoir rechaint et redrechié un autre, fait nouvelle embouchure, ung verin dedens la lumière, et avoir fourni deux hanes et deux quevilles pour le haulchier.

Le comptable mentionne également les courtaux, et nous fait connaître qu'il fallait (1528) pour ung gros courtau trois estriers (les deux grandz estriers de ung double canon), ung escuchon, ung *hurt* (le *hurtoir* de la chambre d'un gros courtau), et des bendes à crochet pour le *hurt*. Il parle aussi du soufflet (6), fixé sur l'achil au moyen de deux quevilles,

(1) Queville à flotte pour un affût.
(2) Quatre plattes et deux hurtoirs VIII s.
(3) En 1565, Noël Damon, febvre, recevait XXXII s. pour huit quevilles à clef et à flotte servant au travers des affus de l'artillerie, et XXIIII s. pour deux aultres grosses quevilles à flotte pour lesdits affus.
(4) Bendes et forts crampons pour fermer l'ennye d'une pièce.
(5) Encore en usage, en 1581-82.
(6) 1551, ung double soufflet pour les maistres de l'artillerie X s.

d'un crochet et de deux bendes, pesant ensemble, parmy les claux et flottes (doubles estriers et à flotte), XVIII l.

En 1528, Simon Blondiel, fondeur à Tournay, reçoit IX^{xx} X l., pour avoir fait deux pièces d'artillerie de fonte, nommez *faucons vollans* (1), *de XII piez de cache depuis la lumière*, pes. l'une mil L l., et l'autre, mil LV l., au prix de IX l. le cent. Pour deux autres *faucons rollans*, l'un du poids de XII c. LX l., et l'autre de celui de XII c. LXX l., il reçoit encore II c. XXVII l. XIII s. L'année suivante, il fond deux autres pièces d'artillerie pes. III m. II c. L l.

Longtemps après (1575), un autre fondeur du même nom (Rogier Blondel, d'Arras), livrait au magistrat six piesches d'artillerie, pesant chacune XIIIIC l. et plus, au prix de XII l. le cent de livres (2). Il recevait en outre XXXVI l. pour ouvraiges par luy faicts sur lesd. piesches pour embellissements d'icelles.

Ce fut à l'habile fondeur tournesien, Adrien Lesculer, que les échevins confièrent (1537), la fonte de VI grans fauconneaulx. On y employa *du mitaille*, à XIII l. XV s. le cent de livres, et *du mitaille affiné* (3), à XVIII l. le cent de livres.

En 1543, c'étaient aucuns fondeurs de Grard Sterck, à Anvers et à Malines, qui fournissaient quatre faulconneaulx et deux pièces d'artillerie. Cette même année, Mes Martin et Jehan Pusternaux, fondeurs d'artillerie, à Malines, livrent quatre faulconneaulx de fonte, pes. III m. VI c. XXI l., à raison de XXVIII l. le cent de livres. En 1544, le caudrelier Toussains de le Roe fait payer XI c. LX l. XIX s. trois pièces d'artillerie de fonte, pes. III m. VI c. VIII l. (à XXXII l. le cent de liv.).

En 1553, on allait réclamer à Lens trois tonnéaux de poudre, XX hacquebutes à crochetz et six fauconneaulx qu'on avait prêtés aux magistrats de cette ville, pour eulx deffendre contre l'ennemy franchois. En 1557, on faisait retirer des fossés de cette même place forte XXIIII hacquebutes à croches et quatre fauconneaulx, et on donnait XII s. *à ung quidam* aiant baillié et faict rensaingne des hacquebutes et saulconneaulx.

En 1521, l'argentier perle des bons *bastars* de deffense, pour la garde et tuition de la ville.

On remarquait aussi dans l'arsenal de Lille des *petreaux*, puisque, en 1527, Grard de Gand déclarait aux échevins qu'il s'y trouvait XXIIII à XXX petites piesches appelées *petreaux*, qu'il disoit non valloir pour soy en aidier en nécessité; néantmoins de trois ou quatre en feroit l'en une bonne piesche de deffense, ce qu'il offroit faire, meismes de paier la despense qu'il conviendroit faire, ou cas qu'icelles ne fussent trouvées bonnes, et la despense bien avoir esté employet.

Accueillant de grand cœur cette proposition, les officiers municipaux

---

(1) Ailleurs : Bastons de fonte, nommez *faucons vollans*. En 1523, on envoyait d'Orléans à Paris, XXV pièces d'artillerie grosses, sur roues et charroys. (Journal d'un bourgeois de Paris, p. 181).

(2) 1537. On envoie à Anvers, pour achater de l'artillerie, et l'on en ramène IIII grosses pièces d'artillerie de fonte, qui coûtent V m. II c. XXV l. XI s., y compris, toutefois, un grand nombre de tonneaux de poudre.

(3) Voy. notre notice sur l'hôtel de ville de Noyon, *Bulletin des Comités hist.* (Archéologie, beaux-arts), ann. 1852, p. 65.

accordèrent à Grard aissizer de trois ou quatre faire une, soubz, toutesfois, lad. promesse de rendre la despence, ou cas qu'elle ne fust bonne, pour, ce fait, adviser que l'en feroit les autres.

L'année suivante, deux de ces nouvelles pièces d'artillerie ayant été amenées sur la place, *à la veue du peuple, toutes les plaches de la ville y furent convoquées, afin de les induire et amener, par toutes voyes, à foire artillerie.*

Nous savons déjà que Lille possédait des doubles canons (3). En 1543, nous voyons que deux grandes fortes platines et deux serrures pour fermer les lumières de deux double-canons, sont payées XXX s. Ils étaient encore en usage, en 1581, puisque, à cette époque, il fallait, pour resauder et renchergier le nouvel affût de l'un d'eux, ung grand fort hurtoir, puis, resauder et ralongier quattre grosses chevilles, rapoinctier deux fortes bendes pour la teste de devant, rapoinctier deux aultres bendes pour mettre desoubz l'achis, rapoinctier les deux forts bareaux pour mettre sur les tourillons, et faire vingt et une doubles clefs.

On voyait aussi dans l'arsenal des *leuriers*; car il faut, pour fermer les lumières de deux de ces engins, deux platines et ung nocquet, de XV s. Nous voyons également que, en 1557, Heddeber recevait VIII l., *pour avoir fait une nouvelle teste a ung leurier et ung nouveau poinct.*

Parmi les *flageollets* de cuivre que signalent les registres, nous remarquons celui de 1554, qui pesait XLII l., et avait coûté VIII l. VIII s.

C'est, en 1582, que les pièces d'artillerie, nommées *dragons*, sont mentionnées pour la première fois, à l'occasion de diverses dépenses, la première s'élevant à IIII l., pour deux grandes chevilles ouvrières *aux dragons* de la ville; la seconde, d'une pareille somme, allouée au charron, qui avait livré un gros achis destiné aux roues d'une *des pieches de dragons*; et la troisième, enfin, montant à XX s., pour avoir resoudé, renchergiet et ralongiet trois grosses chevilles pour *ung nouveau affus à l'ung des dragons.*

Les lumières (verrins à restoupper les lumières) étaient, comme jadis, garanties des injures du temps au moyen de *nocques*. En 1513, les *fors nocques* à fremer les lumières des engiens reviennent à IIII s. chacun. D'autres sont payés III s. (*nocque* et clefz à fermer les bastons). En 1529, une *nocquière*, VIII fers et une queville de fer pour quatre serpentines, coûtent XXIIII s. En 1537, les *nocques* reviennent à III s., d'autres à VI s., et à XII s., en 1572; les petits coûtent II s., en 1516. En 1575, six *noquets* sont payés LXXII s., et, l'année suivante, quatre autres exigent une dépense de XLVIII s. En 1565, quatre grandes serrures et quatre paires ds pentures rivées sur les platines coûtent CIIII s., alors que, en 1576, VIII bendes de fer, de III pieds de long chacune, pour fermer les lumières, reviennent à LXXII s., et deux serrures, pour fermer les fers de ces dernières, à XXVII s., y compris une penture à ung costé. En 1543, six couvertures de lumières d'artillerie et les cram-

(3) Voy. le *Bulletin arch*., t. IV, p. 168, et p. 363, les observations de M. de Saulcy. Dans les chants historiques sur la bataille de Gravelines (1558), les doubles canons sont nommés *dobbel cartauw* par les Flamands. (M. E. de Coussemaker, trois chants historiques, p. 21.)

pons coûtent XX s. Très-longtemps après (1578), les couvercles de lumière sont payés VIII s.; les *nocquets*, XIIII s.; les serrures, XII s ; les petites clefs, II s. En 1580, Pierre Malapiet, armoieur, obtient VII l. phs. pour chacun des XXXI *cestes de bois*, entorchez, bendez de fer, furnys de crampons, chaïnes, etc., servans à couvrir les lumières. En 1581, LX s. lui sont alloués, pour avoir fait *ung huisseau* à une pieche d'artillerie. Deux ans après, Adrien Ghus, sèvre, fournit, moyennant XXX s., deux hanetz propres à couvrir la lumière d'une grosse pièce d'artillerie, et cincq grandes clefs de chevilles, à VI s. pièce. En 1590, Toussains Mas, febvre, demande XVI s. pour chacune des paires de pentures et des trois freumans destinés aux *custodes* des lumières, et XXX s. pour chacune des *muselières* des pièces d'artillerie, et chacun des quatre *nocquets* qui servent à fermer ces *muselières* (1). En 1597, six paires de pentures pour pendre *les custodes* des lumières, reviennent à LXXII s., alors que VIII serrures servant à les fermer coûtent XXIIII s.

Désirant garantir des injures du temps la bombarde (2) que nous connaissons déjà, aussi bien que le mortier, les échevins les faisaient peindre et vernir. L'argentier nous dit, en effet, qu'il a payé X l. à Mark Tournemine, peintre (1513), pour son sallaire *d'avoir paint de vermillon fin, à olle, et verny, semé de fleurs de lys blanches, fuzées et croix Saint-Andrieu, une bombarde et ung mortier de fer, afin de les garder de porriture.*

Cette bombarde venait, au reste, d'être éprouvée de nouveau, car nous voyons qu'on alla requérir le boulet au plus près du villaige de Ronchin (3).

En 1522, l'argentier, après avoir parlé des eschielles, faucques, moutons, *mollettes de cuivre*, louches, hauweaux conduits devant Tournai, ajoute que le gros mortier de fer et *son ablocq*, ainsi qu'une grande queville, quatre petites, six kainettes et six crampons à pendre les quevilles de cet *ablocq* (4), y furent aussi menés.

En 1519, Tournemine, que nous venons de mentionner, exigeait X l. XVI s., *pour avoir paint à olle, et vernis dix huit bastons à pouldre et les chambres y servans.* L'année suivante, il en peint douze autres, si comme serpentines courtaux, etc. En 1522, enfin, il peint encore à raison de VI s. chaque, XX pieches d'artillerie.

Il est bon d'observer que la ville possédait alors *une serpentine marquée d'une raisne,* et une autre *à gheulle de serpent.*

En 1576, on ordonne que les pieches d'artillerie *seront marquées chascune de une lettre de fer blancq (5), et attachié à icelle, et les boulletz marqués de la mesme lettre que les pieches auxquelles iceulx boulletz serviront.* Cet usage était déjà ancien, car, en 1534, nous voyons qu'il est ordonné de adviser aux boulletz qui sont es artillerie et fors de la ville, à quelz bastons ils sont servans, et *les marquier chascun de la marque du baston.*

Comme, en 1414, c'était à un escrignier (Estienne de Hallewin) que

(1) 1581. Deux pieches de fer pour ung *muselier* d'une pieche d'artillerie VIII s.
(2) Dans le mystère de la bibl. d'Arras, ms. 625, Burgibus (diable) dit :
     Pensons de furnir l'avant-garde
     No *dandeffte* et no grant bombarde. (Ms. cit., fol. CCXLIX r.'.)
(3) En 1561, la ville possédait encore des bombardés.
(4) Voy. le bulletin arch. t. IV. p. 369.
(5) Ailleurs : de la lettre A. B. C.

l'on confiait, en 1515, le soin de faire VII *grans traux en une assielle* (planche), *en fourme de molle, pour l'artillerie de la ville*. L'argentier mentionne aussi *un compas à mesurer boullets*. Longtemps après (1521), Victor Rohart recevait XVIII s. pour *quatre fourmes de pierre bleuwe à faire boullets, une à getter quattre boullets au cop, et les autres deux* (1). En 1560, les nouveaux calibres servans aux boulletz sont mentionnés; en 1580, XIIII calibres pour mesurer les boullets reviennent à VI s. pièce.

En 1514, Antoine Baude, de Bouvines, livrait un grand nombre de boulets de fer fondus, à raison de IIII l. le cent de liv. En 1512, cinq boulets de fer coûtaient V s. Longtemps après (1537), on faisait venir de Malines, par Gand, deux grosses pièces d'artillerie, nommées canons de fonte, et IIII c. boulletz de fer (2).

Les tampons coûtent VIII s. le cent. En 1549, un *carioteur* livre gros tampons pour les demi-canons. Un autre *carioteur* fournit des gros tampons, à 1 s., et des petits, à raison de LX s. le cent. En 1554, les tampons de bois pour mectre à l'embouchement des serpentines, reviennent à XII d. En 1580, ils coûtent XVIII d., et II s., en 1592.

C'est, en 1554, que *les houllettes d'artillerie* sont mentionnées pour la première fois, l'argentier portant en dépense les sommes suivantes payées au fondeur Jehan Houdebert : XIII l. pour XXVI *houllettes* pour les serpentines; IIII l. pour aultres VIII *houllettes* pour courtaulx, *à cul de lampe*, au même prix; XLIIII s., pour aultres IIII *houllettes* pour faulconnons, à VIII s., et deux *houllettes* pour *flageollets*, à VI s. Enfin, CVIII s., pour XXXVI *houllettes pour hacquebuttes à crocq estans sur reuwe*, à III s.

En 1557, XVII bos de *houllettes* avecq leurs pousoirs, destinés à plusieurs grosses pieches, coûtent IIII s. pièce. Cette même année, Hedeber livre encore des *houlettes*, parmi lesquelles nous en remarquons deux de XLVI s. pour deux *leuriers*; trois de LIIII s., pour trois serpentines; trois autres de faulconneaulx, de XXX s., et XLII de hacquebutes à cro, à VI s. pièce. En 1580, les *houlettes* coûtent de VIII à XX s. Toutefois, les deux que livre, en 1581, le fondeur Martin Heuwin pour deux pieches d'artillerie pes. ensemble VI m. XXIX l., et servans à chargier icelles pieches, reviennent à IIII l. chacune, et celles que livre, l'année suivante, le caudrelier Jehan de Beaumont sont payées de XXIIII à XXX s. Remarquons, avant de terminer, qu'une *houlette* pour l'ung des bastons que l'on tire l'ogelet, coûte X s. (1592), et que les forts hanets qui servent à pendre les *houlettes* aux pièces, reviennent à III s. En 1597, Jacques Seroul, *carioteur*, fournit pluiseurs parties de *carioterie*, pour servir autour de l'artillerie, se consistans en *hollettes, rafreschissoirs* et

---

(1) Charles-Quint, dont une partie de l'artillerie employait des boulets de pierre, fit tirer 140,000 coups de canon dans chacun des siéges de Metz et de Térouane, en 1552 et 1553.

(2) Le navyeur exigea L l. VIII s. — Gaster, dit Rabelais (Pantagruel, liv. IV, c. LXI) avoyt inventé récemment canons, serpentines, coulevrines, bombardes, basilics (gros canons), jectans boulletz de fer, de plomb, de bronze, pesant plus que grosses enclumes, moyennant une composition de pouldre horrifficque, de laquelle nature mesme s'est esbahye et s'est confessée vaincue par art. — Car plus est horrible, plus épouvantable, plus diabolicque et plus de gens meurtrist, casse, rompt et tue; plus estonne les sens des humains, plus de muraille démolist ung coup de basilic que ne feroyent cent coupz de fouldre.

aultres. Les querquoirs (1) mis au boult des bastons servans à la grosse artillerie, reviennent à III s. pièce, et le même prix est exigé pour chaque mesure (portant chescune une livre) à mesurer pouldres. En 1505, Jehan Heudebert obtient CXII s. pour sept cherges de *serpentines volant*.

En 1529, l'habile serrurier Marcq Florens livrait, moyennant IX l., *trois forés de fer et achier, de VII à VIII pies de long chescun*, en ce comprins avoir rapointié trois fois lesd. *forés*. Il exigeait en outre XXIIII s., pour avoir resirrgié et mis sur les meulles, par trois fois, lesd. *forés*. Très-longtemps après (1575), Pierre Van Esse, febvre, obtenait XXVII l. V s., pour *quatre barreaux de fer faict à forets et acherés, pour forer l'artillerie nouvelle, pesant ensemble II c. XVIII l., à II s. VI d. la livre*; puis XV s., pour *ung grand compas pour moller lad. artillerie*; C s., pour *avoir feré ung tourriet pour tourner lesd. forets*, et, enfin, IIII l., pour avoir resguesies et resaudé, à diverses fois, lesd. *forets*.

En 1597, *une nouvelle taupe pour ung taure pour forer les pieches d'artillerie*, est payé XX s.

En 1513, Anvers fournit à Lille L hacquebustes de fer, à IIII l. pièce. En 1518, une hacquebutte de métal, pesant XL l., revient à X l., et une autre de fer, à LX s. En 1522, les cent qu'on achète à Anvers, chez Grard Stercq, coûtent LXVI s. chacune. En 1521, on parle de six hacquebutes de cuivre, pesant CIIIIXX XII l. (à IIII s. la liv.). Cette même année, Thillemann Hacquebert vend CII s. chacune des quinze qu'il fournit.

Désireux de n'être pas pris au dépourvu, les échevins décidaient en outre que l'on ferait amener à Lille V à VI c. hacquebutes à croche, portans leur feu et droicturières, ou plus, se on les peult recouvrer, pour les distribuer aux bourgois et riches maisnagiers, à leurs despens, affin de les garder et en apprendre à tirer, pour la garde et deffense de la ville, de leurs personnes et de leurs biens, et, à ce les constraindre par toutes voies, considéré qu'ilz sont tenus garder eulx et leurs biens.

En 1566, on déclare que ceux qui aliéneront ou transporteront, sans congié exprès d'eschevins, leurs hallecetz, harnatz, chemises de mailles (2) et bastons de deffense (3), encourront une amende de trente liv., et que ceux qui seront trouvez imporveuz de bastons de deffense (4), estans

---

(1) 1549. On met cinq poussoirs à cincq querquoirs. — 1580. Querques et poussoirs, à VIII s.

(2) En 1592, on achète III c. morillons à l'Espagnol.

(3) Dans le mystère de la bibl. d'Arras le forbisseur annonce ainsi sa marchandise :

Or ça j'ay du temps jadis,	Et sy ay de beaux ars tourcroix,
De glaves et de vieus cousteulx ;	D'arbalestres à grosse noix,
De goudendars et de marteaulx;	De coustilles, de bracquemars,
De guisarmes et de haches grosses ;	De toute manières de jars :
De gateles et de taloches ;	De quoy je feray grant marchiet,
De dagbes et de beux armeres ;	Car argent m'a délaissiet :
De heaulmes et de bachines ;	Qui en veult ? j'en feray raison.
De fers et de lances à jouster,	Ms. cit. N.° 625, fol. CLII, v.°).
Et belles targes pour porter.	

(4) 1529. *Pour avoir tourné bastons d'artillerie*, IIII s. — En 1523, la ville de Paris prêtait des grosses pièces d'artillerie et IIII c. hacquebuteurs à la ville de Compiègne. (Journal d'un bourgeois de Paris, sous François I", p. 174). Plus loin, (pp. 226-27), il parle des cent hacquebutiers de Paris, nouvellement mis et imposez de par le roy, lesquels avaient des hocquetons argentez de brouderies, où étaient les armes de la ville de Paris, asscavoir : Une navire semée de feu

assez oppullens pour en acheter, seront contraints de eulx en pourveoyr endedens quinze jours prochains.

Les particuliers profitaient souvent du sac d'une ville pour s'en approprier l'artillerie. Ainsi, les échevins de Lille envoyaient à Lens et en divers lieux et villaiges à l'environ, pour recouvrer esd. lieux l'artillerie par cy-devant bailliée en prest à ceulx de lad. ville de Lens, laquelle, néantmoins, à la prinse dud. Lens, avoit esté emportée par divers particulliers.

Bien que les particuliers eussent le droit de posséder des couleuvrines et des arquebuses, les bans municipaux leur interdisaient de s'en servir sans nécessité. Ainsi, ung personnaige qui, en 1512, avait tiré d'une cullevrine avant la ville, paie XVIII s. de ban enfraint, dont le tiers appartient à la cité. En 1530, un individu est condamné à une amende de LX s., pour avoir porté une hacquebutte par la ville. Un autre paie une amende de C s. (1552), pour avoir esté trouvé armé de hacquebutte, et un libertin surpris au lieu publicq, chergé d'hacquebute à tout feu, encourt une amende de quatre florins Carollus, pour avoir rué d'icelle.

En 1549, le *magistrat* averti que pluiseurs s'estoient ingérez, puis naguères, de, avecq fers de virton et aultrement, faire petites hasquebuttes et d'icelles en tirer, à cause de quoy pluiseurs périlz et inconvéniens polroient advenir, en interdisoit l'usage sous peine de XX s. d'amende. Longtemps après (1572), il déclarait que si *aucuns enffans de bas eage estoient trouvez avec lesd. petites hacquebutes*, on s'en prendroit aux père ou mère, maistres ou maistresses, et seront lesd. enffans pugnis arbitrairement, à la discrétion d'eschevins.

En 1554, on avoit fait défense de tirer de arcq à main, arcbalestres à toutes petites buises de bois, qu'on appelle *souflons*, hacquebuttes faictes de pieches de fer, *giffes* et *arcq à galles*.

En 1524, on ordonne de faire ferrer et accoustrer sur les affus les grosses pièces; de faire faire à chascune hacquebute à croche *scrabe* propice et y servant; de faire faire *portefeux* à LXXV hacquebutes.

Chaque *portefeu* coûtait XII s., et le cent *de bastons à faire scrabes*, revenait à VI l., alors que, pour ferrer chacune de ces dernières, et la faire servir aux hacquebutes, le serrurier exigeait III s.

En 1532, une hacquebutte à croces, avecq une forme de keuvre et ung cornet à pouldre y servant (1), revient à VI l. IIII s. En 1536, Jehan Lachier, maitre de l'artillerie de la ville, reçoit X l., pour avoir affuté des nouveaux affus (2) XII hacquebutes à croches. Cette même année, Jehan Droulin, serrurier, fait X *porte feu à serre*, à XIIII s. pièce; VI neufves palettes, à VI s. pièce; VI temons, à II s. pièce, ung crochet de XII s., et exige VI s., pour deux manches à ung agect, et, enfin, pour avoir foré VI plombz hors de six hacquebutes, et avoir faict trois lumières (3).

L'année suivante, XX hacquebutes de fer coûtent IIII^{xx} IX l., XIIII s.,

(1) 1554. Une forme de fer à faire plombz XII s. — En 1543, Benoît Mollet, escrignier, exigeait XXX s. pour trois *callibret* destinés à l'artillerie.
(2) 1545. Ung grant affus pour une hacquebutte à crocq XVI s.
(3) En 1557, Hedeber demandait XXXVI s., pour avoir fait une lumière à une hacquebute à cro.

et Droulin en livré XXV, à raison de IX l. chacune (1). De son côté, l'escringnier Cornille du Gardin obtient XIX l. X s., pour avoir mis XXXIX affus à XXXIX hacquebutes de fonte, et le serrurier Piere Desquennes demande XXV l. VII s., pour les avoir montées de *scubre*, *portefeux*, palettes, tenons, couvercles et instrumentz y servans : Alors que Toussains de le Roe livre deux hacquebuttes à croches de fonte, pes. IIII¹² X l., et son confrère Adrien Lescuier, cinq autres, pes. II c LX l. (2). En 1554, Julien Mas monte XXII hacquebuttes à croch, les ferre d'un euillet et d'un hanet pour mettre les charges, moyennant VI s. chacune. A cette même époque, Droulin fait payer IIII s. les agneaux et les crampons de fer qui maintiennent *les scrabes* par lui fournies au prix de IIII s. chacune. Leurs verges reviennent à XVIII d. Il livre également XXVII *serres* (3) de hacquebuttes à crochet, à X s. pièce ; des portellettes à tenir les *scrabes* dessus, à 1 s ; XXXI manches (nommés aussi *manicquele*) de III à IIII s.; LXXII crampons, à III d.; deux grandes *scrabes* de fer à chargier artillerie, à XII s. chacune (4); XI petites *scrabes*, à IIII s.; VI porte feu, à III s.; V couvertures de pallettes de VIII s ; des palléttes, à 1 s. De son côté, Jehan Houdebert demandait XLVIII l. VI s., pour III c. XXII cherges d'hacquebuttes à crocq, à raison de III s. pièce. Celles qu'il fournit, en 1557, et qui étaient sans doute destinées à de doubles hacquebutes à cro, coûtent VII s. chacune. D'ordinaire, elles coûtaient VI s. (5).

En 1557, Drouillin fait payer les croches XV s., les thenons II s., les *racheloires* V s., les quevillettes pour quevillier les crochets III d., et l'escringnier Nicollas Picavet demande XXIIII s. pour l'affut d'une hacquebute à cro, XVI s. pour chaque petit affut, et III s. pour chaque bos de *scrabes*. En 1566, il fait payer VI s. chaque mancle de croce, et IIII s. ceux des petits bastons. Pour *reget de serre*, il exige VI s.

En 1576, Mahieu Duthoit, harquebousier, racoustroit six harcquebouses à crocq, c'est-à-dire les forait de nouveaux trous sur *ung calabe* (calibre), faisait nouveaux verrins, nouvelles pallettes et nouvelles *serres* (6).

Désireux de modifier leurs anciennes arquebuses, les échevins s'adressaient (1575) à Jean Rogier, forgeur de harkebouses, qui leur en livrait deux, afin de sur icelles faire refaire et amender en mesme forme celles estants à l'amonition de la ville, à raison que, en tel estat que elles sont, on ne se en pleuvent bonnement ayder. Pour ces deux arquebuses, et les six autres estant en lad. amonition, qu'il avait rétablies selon la forme de ces deux arquebuses à croq, il recevait LIII l.

De son côté, Pierre Malaplet, de son stil armoyeur, faisait XII crochets à IIII l. pièce, et XIII autres, à CX s. pièce (7), à raison qu'à ces derniers on a faict à chacun verrain aux buises de derrière. Pour chaque

---

(1) En 1548, Droulin en fournit cinq autres à ce prix.
(2) En 1553, une hacquebute de fonte, du poids de XLII l., coûte VIII l. VIII s.
(3) 1557, *serres* de XII à XIIII s. — Cette même année, on parle d'ung monch de hacquebutes à crocq, achetées à la vendue des biens meubles de feu M.ᵉ Jehan Warenghien.
(4) 1557. *Scrabes de fer* à cherger *flagoletz*, à III s. ; autres à VI s.
(5) 1518. Quervoirs de hacquebouses, de blancq fer, à XVIII d.
(6) 1591. Un tarel de cinq pieds de long pour forer les arquebuses à crocq, XXX s.
(7) En 1581, il les fait payer LII s. pièce. — Ailleurs : les verrins et les forests.

maincle il demande VIII s. et IIII l. pour chacun des XV crochetz qu'il racoustre de nouvelles *serre* et *palette*.

L'argentier nous apprend que, en 1578, trois harcquebouses à crocq revenaient à IIII^{xx} IIII l., et que l'on constituait prisonnier, l'année suivante, un anchien soldoier, au château de Lille, qui avait chez lui *pluisseurs pieches de bomys* (sic), *en forme de harquebouse*.

En 1580, on demande XVIII pattars pour racoustrer certain rouet d'une pistole (1).

Nous ignorons ce que pouvaient être les *trois fusis-lanche*, que le taillandier Jehan de Raisse faisait payer (1581) VII l., y compris, il est vrai, une dolloire.

En 1537, on accorde XXVIII s à Julien Mas, febvre, pour trois fortes tenailles destinées à tenir les molles à faire *gallées* à l'artillerye. En 1572, le plomb en boullet de harquebuttes est payé III s. la livre. En 1582, le cent de livres de balles de fer fondich vaut X l. X s. Six ans auparavant (1576), le plommier Arnoult Peustre avait livré aux M.^{ers} de l'artillerie et aux XVI capitaines de la ville plusieurs sortes de boulets et balles de petis bastons et harquebouses à crocq, à raison de IIII s. la livre.

Les archives de Béthune nous ont déjà fait connaître *les dez de fer* (2), qui figurent aussi, en 1519, dans les comptes de Lille; car nous y voyons que LXVI l. et demie de *dez de fer*, *pour faire bloucq faissel*, reviennent, à raison de XV d. la liv., à IIII l III s. 1 ob. Deux ans après, Marc Florens, serrurier, livre, moyennant XII d. la liv., VI c. LX l. *de detz de fer* (3), *pour faire boulletz à l'artillerie de plusieurs sortes*.

Pour le moulin à *estamper poudre*, *le carioteur* fournit (1519) quatre quevilles de buisset, deux fusis et deux manches (4). En 1561, un caudrelier livre pour deux autres moulins à poudre, quattre plommas, deux fons de blecq et quattre potz d'escampes, pesant ensemble IIII^{xx} XIIII l., à VIII s. la liv. De son côté, le serrurier fait payer IIII s. la liv. les sept chevilles à clefz et à flotte, pes. XXVII l., destinées à un de ces moulins. Trois vireulles et trois escampes pour ung mollin servant à faire pouldre de canon, du poids de XXXVIII l., coûtent LXXVI s.; deux cappeaulx et deux pioches, pes. XXX l., reviennent à LX s., et deux mannivelles pour le roe, à XII s.

En 1532, *le rond souffre* est mentionné. En 1537, Pierre Delyot, marchand, débourse (à Anvers), au nom de la ville, CXLIII l. X s. pour XX tonneaux de *tercq* et IIII tonneaux de soulfre. En 1500, le soufre vaut XX l. le cent de liv.

---

(1) Il est bien plus apparent, dit Montaigne (essais, liv. I, chap. XLVIII). De s'asseurer d'une espée que nous tenons au poing, que du boulet qui eschappe de nostre pistole, en laquelle il y a plusieurs pièces, la poudre, la pierre, le rouet, desquelles la moindre qui vienne à faillir, vous fera faillir vostre fortune. On asseure peu seurement le coup que l'air vous conduit : — et sauf l'estonnement des oreilles, à quoy désormais chascun est apprivoisé, je croy que c'est une arme de fort peu d'effet, et espère que nous en quitterons un jour l'usage.

(2) Voy. le bulletin, arch. t. IV. p. 373, et p. 365, les observations de M. de Saulcy.

(3) On fore un *dez de fer* hors de une hacquebutte.

(4) En 1557, ung mollin à faire et estamper pouldre coûte XXIIII l. — 1592, escampes de fonte pour le moulin à poudre, à VI s.

En 1537, le salpètre coûte IIII l. de gros le cent de livres. Hubert de Lyot, marchand, en achète (à Anvers) au nom de la ville, III m, CIIIIXX VIII l., à raison de III l. de gros le cent de liv. En 1590, il vaut XIIII s. la livre, et LXX l. le cent de liv. Deux ans après, on le paie de XVI à XVII s. la livre.

En 1514, la pouldre à canon se vend VII gros la liv., tandis que, en 1522, la poudre de cullevrine grayné vaut VII s. la liv. En 1536, la première ne coûte plus qu'un sous la liv., et la seconde, I s. VI d (1). En 1537, on fait venir d'Anvers, d'abord, IIII m. IXC l. de pouldre de canon, puis XXIIIC l., et, enfin, XX tonneaux pes. VI m. IXC. X l. (les munitions de guerre que livre alors cette ville sont énormes). On en achète aussi quatre tonneaux (pes. mil trois liv.) à des particuliers, à raison de XII d. la liv. En 1575, la poudre à canon vaut XII s. la livre.

En 1536, on demande un *Philippus* pour rapoinctier ung cent de livres de pouldre.

En 1561, l'ouvrier qui rebat au mollin à pouldre et pure pouldre frecque et à moitié perdue, obtient C s. pour chaque tonneau (2).

En 1537, la ville alloue XII d. pour la fabrication de chaque livre de poudre en fournissant le charbon, et XVIII d. pour celle de poudre grainée, en fournissant les matériaulx. En 1591, III s. sont accordés pour chaque livre confectionnée.

En 1545, on en faisait déposer cent et un tonneaux dans l'âtre de Saint-Sauveur, puis on les reconduisait sous les hanguars de l'artillerie sur le car à le pouldre, auquel le charron rembroccquoit ung baston qui, y compris une paire d'allemelles, coûtait (1592) XXIIII s. Les *pachuns* du lieu de munition du jadis chasteau sont aussi mentionnés.

En 1549, les torsins de mesche se vendent ung gros pieche. En 1557, on ferre ung tonneau de deux mannelles et d'un hanet, pour mectre de l'amorse de pouldre de canon. La corde que l'on dit *chimeaux* (3), vaut III s. IIII d. la livre (1576), et XX l. le cent de livres, en 1590. Cette même année, on décide que l'amonition de poudre de canon sera de seize mille livres, et qu'on achetera quatre mille livres de *chemeau*.

En 1521, l'arsenal de Lille possédait encore des flesches, et, par con-

---

(1) 1536. La ville fait parvenir à Ms. de Nazou (Nassau), alors devant Péronne, XXV tonneaux de pouldre de canon. Ces munitions ayant été renvoyées par ce seigneur, on remit les tonneaux sur les gantbiers. — Au sujet des moulins à poudre, voy. le *Bulletin arch.*, ibid., p. 367.

(2) Tonneaux à mettre poudre, à XXX s. — Dedans ung faulconneau de bronze il (Gaster) mettoyt sus la pouldre de canon curieusement composée, dégressée de son souffre, et proportionnée avecques camphre fin, en quantité compétente, une balote de fer bien qualibrée et vingt et quatre grains de dragée de fer, ungz rondz et sphériques, aultres en forme lachrymale. (Rabelais, ibid., liv. IV, C. LXII) — On lit dans le journal d'un bourgeois de Paris (p. 198) que des gens incogneuz et desguisés vinrent à Troye, en Chamaigne ; lesquelz firent mettre le feu (1521), par enfans de l'aage environ VII à VIII ans, de la ville, auxquelz ils donnoient argent pour ce faire, et avoient pouldres à canon, souffre, poix grasse et aultres mixtions qu'ilz gettèrent par nuict es maisons de la ville, et dura le feu longuement et par deux jours, qu'on ne le pouvoit estaindre, et y fut mis et emploié moult de vin pour l'estaindre, car l'eaue ne le pouvoit estaindre, attendu que c'estoit feu Gryeu (Grégeois).

(3) Voy. le *Bulletin arch.*, juin 1851, p. 164, note 1.re.

séquent des arcs (1). Il s'y trouvait aussi un grand nombre de piques, dont les bastons coûtaient (1528), XII l. le cent. En 1537, mille piques amenées d'Anvers, sont payées LXXV l. VII s. de gros, val. IX c. IIII l. IIII s. En 1543, les fustz de piques que fournit Malines, reviennent à XLVI s. le cent, et leurs fers, à III s. pièce.

Les piques étaient encore fort en usage, en 1595, puisqu'on décidait alors, que les confrères des confraries St.-George et St.-Sébastien, *arcqbalestriers* et archiers, porteraient, doresnavant, tous, picques et corseletz, sans pooir porter aultres armes, et lesquelz corseletz et picques lesd. confrères seront tenus avoir et porter à la procession de Lille.

Les hacquebutiers figuraient aussi depuis longtemps à cette splendide procession; car nous voyons que, en 1537, la fiertre de Nostre-Dame de la Treille fut confiée dans cette circonstance, à la garde de douze hacquebutiers (dans l'hôpital de la Trinité), pour ce que led. jour elle ne fut plus avant, *à raison de certaine difficulté qui sourdit lors entre mess. de St.-Pierre et ceulx de la loy* (2).

En 1511, les échevins avaient décidé que les culevriniers (3) seraient au nombre de IIII·× personnes, et que chascun avera par an une aune de drap, vaillable XXXII s., à la charge de la ville, pourveu qu'ilz feront faire annuellement chascun ung palto.

Lorsque l'on apprit les bonnes nouvelles de la deffaicte des ennemis franchois, le jour St-Laurent, X.e jour d'aoust XV c. LVII, près la ville de St.-Quentin (4), on alloua VIII s. à chacun des XIX confrères du serment des canonniers, qui avaient *desserré* (tiré) l'artillerie de ceste ville (5).

Nous savons déjà que les couleuvriniers lillois faisaient usage de *veughelaires*, pour tirer leur oiselet. Au XVI.e siècle, ces pièces d'artillerie sont désignées sous le nom d'*engiens à tirer l'oyselet*. Pour trois de ces derniers il fallait, en 1513, deux *feramullies*, trois estriers, ung fort hurtoir et ung clef, du poids de LIIII l. (6). En 1558, Heudebert obtient XXXVI s., pour avoir rappoinctié une forme pour faire les plombz servans à tirer l'oyselet.

(1) Par l'art. CXXV des coutumes d'Estaires (XV.e siècle), les armeures défendues sont : espées, coutiaux à clau, hunnettets, ars aveuch trait, bastons, cresteles et claves, haches, dages et haplettes. Les bans de la même ville défendent les ars, saiettes, bougiers, coutel à pointe, (coutel de plates (1393). (Lille). En 1393, les bezelaires sont mentionnées à Lille) espaye de gerre, ads (dagues), haches, gisarme, glaves à deux taillans, pich fierré, vans (gant) de fier, gergeu, baston à picot qui passe III paux demi, haubergeon, bacinet, bunettes, espées, pourpoints quy ont manches et traitliers, ne qui poisse plus de VI l., se che ne sont bourgois ou fils de bourgois. (Arch. de l'Hôtel-de-Ville d'Estaires). — 1468. A Lille, celui qui est trouvé saisy d'un baston ferré, *à manière de maquelette*, qui est baston défendu par les bans, paie LX s. de ban enfrainct. — En 1426, ung autre individu paie XX l. d'amende, pour avoir tenu en fait de mêlée ung boughemart sur son adversaire.
(2) Voy. notre cité picarde, pp. 169 — 171.
(3) En 1411, l'armée du duc de Bourgogne, en Flandre, avait 4,000 armes à feu portatives, tant canons que couleuvrines. (Juvénal des Ursins, hist. de Charles VI).
(4) Voy. Les arch. du Nord de la France de M. A. Dinaux, 3.e série, t. 1.er, p. 209.
(5) Pendant les grandes réjouissances, on tirait le canon durant toute la nuit. Il en fut ainsi lors du couronnement de l'Empereur Charles-Quint, en 1530.
(6) Nous voyons ailleurs que trois grandes fortes clefs pour trois pieches d'artillerie pesaient XXXII l. et demie, parmi les caines et crampons.

Lille se faisait un devoir d'envoyer quelques-uns de ses habiles arquebusiers aux villes voisines, lorsque celles-ci étaient menacées par
l'ennemi.

En 1537, l'argentier a grand soin de rappeler les dépenses faites pour
le transport de L hacquebutiers envoyés à Béthune, par et aux dépens de
plusieurs gens de bien de Lille (ils y restèrent un mois).

Les registres nous font aussi connaître que les échevins prêtèrent à la
ville de Béthune, dans cette grave circonstance, L ruffles, II c. louchetz,
CI houveaulx, LVII happes (haches), X soyoires, XI tonneaux de tercq.
On y voit aussi que les lartz et jambons sallez, qui y furent envoyés,
coûtèrent III c. XLV l. VII s. On y conduisit également II c. faiz de seel,
à L s. le faiz.

Heureux de pouvoir témoigner, au nom des bons bourgeois de Béthune,
toute sa reconnaissance, Monsieur de Douvrin (1), gouverneur de cette
ville, s'empressait de se rendre à Lille, pour y visiter, par charge de
ms. le grand-maître, les fors de la cité et y faire construire les fortifi-
cations jugées nécessaires.

De son côté, le magistrat faisait présenter à ce seigneur un pourpoint
de satin cramoisy (2) payé XLVIII l., y compris, il est vrai, les despens
de bouche de lui, ses gens et chevaulx.

Aux ménestrels du XIV.e siècle avaient succédé les tambours et les
fifres, auxquels on allouait VIII l. VIII s., en 1566, pour avoir joué et
assisté au passaige des monstres du sieur de Hocron (3). En 1535, un
nommé Gossart, encourait une amende de IIII l. pour avoir joué du
tambour au bourdeau; en 1561, un individu est condamné à C s.
d'amende pour avoir faict sonner le tambour et une trompette.

Bien qu'avec le XVI.e siècle doive se terminer le travail que nous nous
sommes imposé, nous avons pensé qu'il était bon de remémorer les
quelques documens que nous a fournis le siècle suivant.

Ainsi, en 1632, on prend la résolution de faire fondre les canons des-
quelz on ne se peut servir, comme aussy tous les crochetz (d'arquebuses)
et flatoletz de métal, pour, de la matière desd. canons et crochetz, en estre
forgez nouveaux canons, par l'advis de Monseigneur le gouverneur. At
esté résolu, ajoute le comptable, de faire quatre cars de canons nouveaux,
de dix piedz et demy de loing, et douze pieches, appellées wingartz, de six
piedz de loing. Auquel effect at esté ordonné aux députez de faire rompre

(1) Sans doute, Franchoys de Bernemicourt, sieur de la Thieuloye, gouverneur de
Béthune, époux en premières noces de Loyse de Canteleu, dame de Douvrin, dont les
portraits se trouvent (N.° 219 — 250) dans le ms. 944 2.° de la Bibl d'Arras. (Voy. M.
A. Dinaux, ouv. cit., 3.e série, t. III, p. 166). La pierre tombale de François de Bernemicourt (dans le chœur de l'église de Douvrin) prouve qu'il mourut le 28 septembre 1584,
et Louise de Douvrin, en juin 1566.

(2) On lit dans le journal d'un bourgeois de Paris, sous François I.er, que le Comte du
Reu, ambassadeur de l'Empereur Maximilien, avoit à son entrée dans Paris (1517)
« nombre de gens, la pluspart vestus de robes de livrée de drap gris. Il y avait en chas-
« cune des manches de chascune robbe, un dromadaire fait de fil d'or de Chippre, lié à
« un petit arbre, où il y avoit un petit escripteau. » (P. 47, éd. pour la soc. de l'hist.
de France, par M. L. Lalanne).

(3) En 1581, c. s. sont accordés à cinq soldats, soubz la charge de Mons. du Breucq,
pour avoir esseillié leur pouldre à tirer de leurs harquebouses en la cheminée des prisons
de ceste ville, lorsqu'il y avait feu.

dix à unze pieches de canons estans en l'arsenal, pour les fondre, et faire marché pour faire ladicte refonde avecq Jacques Perdrix, fondeur, demeurant à Cambray, au plus courtois pris qu'ilz poldront. L'année suivante, de l'estoffe restante des canons fondus on fait encoires *ung cart de cannon* et *ung winghart*.

Quelques années auparavant (1625), *le magistrat* avait fait acheter CIX *mousquettes* munies de bandoulières et fourchettes, lesquelles étaient remises aux soldats.

En 1638, on ordonne aux connestables des confrairies de St-George et de St-Michel de faire armer les deux tiers de leurs compagnies de mousquets et harquebouses, au lieu de picques.

Les fusils sont mentionnés, en 1653 (1).

En 1658, le munitionnaire reçoit l'ordre de faire faire (par le plombier de la ville) cincq à six mil balles de fusil.

(1) 1661. Deffense de porter des bayonnettes et cousteaux qui se mettent au bout des fuzils de chasse, et se portent dans la poche, ainsi que des verdrons, pistoletz de poche et autres traits à poudre et *pielins*, au jour de la dédicace (ducasse) des villages et d'y danser. (Mém. de Béthune, fol. 293, r.° et v.°). — En 1550, celui qui est surpris (à Lille) de nuict, au lieu publicq, garni d'espée, encourt X l. d'amende pour l'espée, et XXX s. pour l'amendement du bourdeau.

ADDITIONS.

Armes défendues par les bans du magistrat.

1382. Que nuls ne soit si hardis, uns ne autres, petis ne grans, quelz que il soit, qui, depuis maintenant en avant, traie d'arbalestre, d'arch à main, ne *d'arc à gales*, en ceste ville, ne dedens le pourprins et clos d'icelle, sour XX s.

1395. Défense de porter plommées, martiaulx de plonc, martiaulx d'estain, martiaulx de fier, à picot, ne sanz picot, bastons que on nomme biecs de faucon, glaves, haces, planchons, happiettes, loques, machues, ars, sayettes, espées, bazelares, daghes, coutiaulx à *croix de fier*, à *croix de bos*, à croix d'os, ne à *croix de corne*, coutiaulx *de plates*, dollekins, coutiaulx à *coullettes*, wans de fier à picot, talloces, ne bouquelers, ne coutiaulx que on nomme *pennars*, où espois, ne autre armeure de brocque, sur LX s.

1396. Défense de jouer à estanchielle de bos, de fier, ne à autre estanchielle quelconqs.

1398. Défense de porter espée, fauchon, *crombel*, ne autre armeure esmolue de taille, miséricorde.

1405. Défense de porter aucunes plommées rondes, quarées, ne plates, de fier, d'estain, de coeuvre, de letton, ne d'autre métal quelconqs, à anses, ou sans anses, ne bastons, que on nomme *vis de tor*, où il soit aucun plonc, fier, ne autre métal quelconqs, sur XX l. de fourfait.

1417. Défense de porter ponchons à broques, que on nomme candelers de fier, ne de métal.

En 1421, on mentionne les bastons *affaitiés*, les plommés rons, à manière d'estocs (d'espière, 1447), plain de ploncq, couvers et non couvers, où il y ait plonc, fier, ne autre métal. — En 1424, les cresteles à taillant, à broques, les haches de guerre, brughemars.

En 1427, le ban de non traire d'ars arballestres, crennequins, ars à main, et *ars as gales*, est publié.

En 1458, on défend les *maques estantelées*, longs coutiaulx, brughemars, bouges, gros bastons *affaitiés*, garnis ou non garnis de fer, de plomb, ne d'autre métal, vouges, hallebardes, *fouets* garnis de ploncq, de fer, ou d'autre métal, esteux de ploncq.

En 1471, on renouvelle le ban de non juer ou tirer de tret d'arbalestre, de crennequins d'achier, *de buhottes*, (ailleurs : *buises*), ne d'autre quelconque tret.

1526. Défense de porter espées, tant d'estocq que de tail, sans foureau, ou à demy foureau, haubregon, hunette, gardebras, bracelés, baston *à manière de peu de soif*, bastons quarrés, crocque poix.

1546. Défense de porter espée, daghe, poignart, *renele, resdon (verds reddons de bois)*, javeline, picque, ne aultre baston ; ne aussy cailleaux, bricques, ou aultres pières, ou plommés, depuis le commencement du son de la cloche de la porte au soir, jusques au son de lad. cloche du matin.

1554. Défense de tirer de arcq à main (*bastons invasibles*, tant arcqs à main que aultres), *arbalestres à toutes petites buises de bois, qu'on appelle soufelons, hacquebuttes faictes de pieches de fer, giffes et arcq à galles.*
Pag. 9, lig. 33.

1382. Que nuls ne soit si hardis, uns ne autres, petis ou grans, quelz que il soit, qui, depuis maintenant en avant, en ceste ville, ne si lonc que taille dure, jueche ne traiche, fache juer ne traire *de canons aucuns, grans ou petis*, quelz que ce soient, sour LX s. de sourfait ; se n'est du gret et license de Mons. le capitaine, d'eschevins, ou de leur commis.
Pag. 11, lig. 12.

Que tout bourgois, bourgoises et manant de ceste ville, quel que il soient, qui sevent ou ont *pieres d'engien* aucunes, grandes ou petites, en leurs maisons et hiretages, dedens ceste ville et taille d'icelle, *les machent hors de leurs dictes maisons, au-devant d'icelles*, par quoi le ville, pour le seurté de ycelle, s'en puist edier et servir à ses besoins, sur quanques mesfais se poeent envers nos. le comte et envers le ville.

Et se vous fait on assavoir de par eschevins, que tout chil et celles qui sevent, ou poeent savoir aucunes desdites pieres d'engien, queles qu'elles soient, grandes ou petites, *soient enfouyes en tiere*, ou non enfouyes, en quelque liu qne chou soit, le viegne dire et nonchier à eschevins, et on leur en donra le vin convinquablement.
P. 10. lig. 36.

1526. Défense de vendre (saulf les apotiquaires) aucunes manières de poisons et venins, comme arsenick, *riaga* et aultres semblables.
Pan. 15, lig. 25.

1414. Ban de non jetter de canons.
Que aucuns ne soit si hardis, uns ne autrez, petis ne granz; quelx que

il soit, qui, depuis maintenant en avant, jetté de canons en ceste ville, ne si long que taille dure, de jour ne de nuyt, sur LX s. de fourfait.

Pag. 19, lig. 30.

1482 Défense de tirer de cullevrines, d'arbalestres, arcqs à galles, buhottes sur XX s. d'amende; et se c'estoient enffans desoubz caigé, ou maisnies qui n'eussent de quoy payer l'amende ou amendes, ou s'en prendra aux pères, mères, maistres ou maistresses d'iceulx enffans ou maisnies.

1512. Même ordonnance : elle permet, toutefois, de tirer de culevrine, petite ou grande, au gardin des culevriniers.

Pag. 43, lig. 25.

1534. Défense sonner le tambour d'Allemain, de nuyt, pour éviter aux insolences, tumultes et noises, qui se font souvent de nuyt, par josnes gens et aultres quy, à tout tambour d'Alleman, vont par la ville, menans grant bruit; je fay le ban que, doresenavant, personne ne s'avanche, depuis le wigneron du soir sonné, porter et jouer, ne faire porter ou jouer dud. tambour d'Alleman, en quelque manière que ce soit, sur paine de LX s. d'amende.

1550. Défense d'aller ne sonner tambour de Alleman, ne aultres, avant la ville, en mommerie (mascarade), ne aultrement, à paine de LX s. d'amende contre lesd. sonneurs desd. tambours.— Même amende contre ceux qui baillent ou font baillier acoustremens, torsses, masques, ny aultres choses servans ausd. mommeries, aux enffans de famille, ou en tuttelle, et contre les ménestriers qui les menent et conduisent.

En 1560, des voleurs ayant rencontré dans les rues de Bruxelles des individus qui estoient allez en masques aux noepces, ostent à l'un d'eux sa masque, laquelle ils ruent par terre, marchent dessus, tellement qu'elle fut rompue en pièces; puis, ils ostent à cestuy faisant le fol, deux torses qu'il portoit sur ses espaulles.

Ibid., lig. 26.

1559. Nul ne peut faire sonner tambours, trompettes, ne aultres instrumens, ne avoir, porter, ne bouter hors enseingnes en assemblées, sinon les confraries de Saint-George, Saint-Sébastien et Sainte-Barbe, à paine de X L. d'amende.

Lille. Imp. de Lefebvre-Ducrocq.

www.ingramcontent.com/pod-product-compliance
Lightning Source LLC
LaVergne TN
LVHW022205080426
835511LV00008B/1573